화내며 살기엔 인생이 너무 짧다

한 그루의 나무가 모여 푸른 숲을 이루듯이
청림의 책들은 삶을 풍요롭게 합니다.

화내며 살기엔 인생이 너무 짧다

내 안의 화를 다스리는 평정심의 철학

이진우 지음

Lucius Annaeus Seneca
Stoic
Philosophy

추수밭

일러두기

o 세네카의 저서에서 인용한 문장들은 다음 책에서 직접 옮겼음을 밝혀둔다. 편의를 위해 출처의 페이지를 생략하고, 권은 로마자 숫자로, 장과 절은 아라비아 숫자로 표기했다. 예를 들어 *On Anger*, III, 42.2는《화에 대하여》제3권 42장 2절을 의미한다.

Lucius Annaeus Seneca, *On Anger, Mercy, Revenge*, translated by Robert A. Kaster and Martha C. Nussbaum (Chicago: The University of Chicago Press, 2010).

_____, *Letters on Ethics*, translated with an introduction and commentary by Margaret Graver and A. A. Long (Chicago: The University of Chicago Press, 2015).

_____, *Hardship & Happiness*, translations by Elaine Fantham, Harry M. Hine, James Ker, and Gareth D. Williams (Chicago: The University of Chicago Press, 2014).

_____, *On Benefits*, translated by Miriam Griffin and Brad Inwood (Chicago: The University of Chicago Press, 2010).

_____, *How To Die. An Ancient Guide to the End of Life*, edited, translated, and introduced by James S. Romm (Princeton and Oxford: Princeton University Press, 2018).

프롤로그

방향을 잃은 광기의 시대에 필요한
'삶의 기술'

우리의 시대는 네로라는 미친 황제가 고대 로마제국을 통치하던 시대를 닮았다. 기원전 27년 옥타비아누스 카이사르가 '아우구스투스'라는 칭호를 받고 1대 황제로 즉위하면서 시작한 로마제국의 초기는 영토 확장의 시대였다. 2대 황제 티베리우스는 처음에는 아우구스투스의 정책을 이어받아 공화정치를 존중하고 제국 통치의 기틀을 잡았지만 나중에는 공포정치를 자행했다. 그로부터 칼리굴라, 클라우디우스, 네로에 이르는 시대의 로마는 적의와 분노가 소용돌이치는 불확실성에 빠졌다. 스토아철학자 세네카는 경쟁심과 적의, 시기와 질투, 분노와 공포가 난무하던 그 시기에 살았다. '미친 황제'는 도덕이 실종되고 방향을 상실한 광기의 시대를 상징한다. 세네카는 평생을 불안과 공포 속에서 살며 자신의 시대를 성찰하고, 좋고 올바른 사람이 나아갈 방향을 모색했다.

로마제국이 팽창하던 시기에 스토아철학이 왕성하게 발전했던 것처럼, 2,000년이 지난 현대에 최첨단산업의 현장인 실리콘밸리와 월가의 사람들이 스토아철학에 매료되었다는 사실은 시대적 간격에도 불구하고 인간이 같은 문제를 겪고 있다는 것을 강력하게 말해준다. 실존적 문제의 평행 이론이라고 할까? 로마인들이 겪었던 실존적 문제들을 우리가 더 강도 높게 반복해서 겪고 있다면, 로마의 스토아철학이 그 문제를 풀 실마리를 제공할 수도 있을 것이다.

한편으로는 실리콘밸리가 요가를 팔듯이 우리에게 스토아철학을 팔고 있다는 비난도 제기되고 있다. 기술자본주의 엘리트들이 스토아철학을 자신들의 스트레스를 완화하는 수단으로 상품화하고 있으며, 실존적 문제를 해결하기는커녕 불평등한 부와 권력 분배를 정당화하는 데 오용한다는 것이다. 스토아철학이 현대인이 겪는 정신적 문제의 치료제라 해도, 1분도 낭비하지 않고 시간을 가장 효율적으로 사용하려는 자기 최적화의 마약에 불과하다는 주장도 있다.

스토아철학이 어떤 사람에게는 '정신적 요가'일 수 있고, 어떤 사람에게는 자신의 능력을 최대한 끌어내기 위한 기분 전환일 수도 있다. 짧은 인생을 헛되이 낭비하지 말라는 세네카의 말이 그저 시간을 효율적으로 경영하라는 상투적 금언으로 들릴 수도 있다. 화내며 살기엔 인생이 너무 짧다는 말은 모든 부정적 감정을 억제하고 현실에 순응하라는 말로 들리기도 한다. 세네카는 《화에 대하여》의 마지막 부분에서 "왜 자신의 짧은 인생을 잘 살펴보지 않고, 너 자신과 타인을 위해 자신의 삶이 평화로운지 확인하지 않는가?"라고 묻는다. 우리 주위에는 자신의 삶을 불평하고 끊임없이 화내는 사람이 너무 많다. "너의 노예에게, 주인에게, 황제에게, 피보호자에게 왜 화를 내는가? 조금만 참고 보라, 너희 모두를 동등하게 만들어줄 죽음이 있다."[1] 스토아철학은 왕이든 노예든, 감옥에 갇히든 쫓겨나든, 성공하든 실패하든 상관없이 우리가 직면하는 문제는 똑같다는 사실에 주목한다. 모두가 수많은 문제를 안고 짧은 인생을 살다가 죽음을 맞이하기 때문이다.

산책하고 요가를 하듯 정신적 긴장을 풀기 위해 스토아철학을 읽어도 좋다. 자신이 하는 일에 좀 더 집중하기 위해 카페에서 세네카를 읽어도 좋다. 어떤 동기에서 읽었든 스토아철학이 우리를 삶의 본질적 문제로 이끌어 삶을 검토하고 성찰하게 한다면 그보다 더 좋을 수는 없다. 로마제국이 팽창하던 시기에 '더 많이 가지고자 함'의 탐욕과 그로 인한 부정적 감정이 사람들 마음을 지배한 것처럼, 이기심과 물질주의가 악덕은커녕 자본주의의 미덕으로 칭송되며 사람들을 지배하는 현재에도 우리의 마음은 불안하다. 당시 로마인들처럼 현대인들도 갈 길을 잃고 방황한다.

현대의 광기는 방향감각 상실에서 나온다. 미쳤다는 것은 밀쳐졌다는 것을 의미한다. 우리가 걸어야 할 길에서 벗어났다는 것을 말한다. 문제는 우리가 탈선을 인지하지 못해, 방향을 잃고 헤맬수록 더욱 길을 잃는다는 것이다. 스토아철학은 인생이라는 길의 의미를 되살려서 우리가 잃어버린 길을 되찾도록 한다. 그렇다고 스토아철학이 어지러운 세상으로부터 은둔하도록 권하는 것은 아니다. 돈과 권력에 대한 탐욕이 마음을 어지럽히니 이것들을 멀리하라고 말하지도 않는다. 오늘날 사람들은 '스토아적'이라는 낱말을 '금욕적'이라는 뜻으로 오해하고 있지만, 스토아철학은 무조건 감정을 억누르라고 권하지 않았다. 우리는 누구나 사랑과 애정 같은 자연스러운 감정을 억제하면 건강에 해롭다는 사실을 알고 있다. 스토아철학은 결코 우리를 모든 감정에 무감각한 목석으로 만들려 하지 않는다. 스토아철학은 오히려 화, 불안, 두려움과 같이 우리의 마음과 성격을 압도할 수 있는 폭력적·부정적 감정을 다스리는 감정 치료법을 제시한다.

이러한 감정 절제와 자아 성찰을 통해 도달하고자 하는 목적은 '자유로운 삶'이다. 물론 스토아철학은 사슬에 묶인 노예 같은 가혹한 삶을 위안하겠다는 명분으로 정당화하지 않는다.

출구가 없는 암울한 삶은 우리를 우울하게 만든다. 스토아철학은 억압하는 사람들의 말을 묵묵히 감내하며 마음의 평온을 얻으라고 설득하지도 않는다. 세네카는 단지 이렇게 말한다. "어떤 종류의 노예 상태에서도 자유로 가는 길이 열려 있다는 것을 보여주고자 한다. 자신의 비참한 삶을 끝낼 자유가 있는 사람은 오직 자신의 약한 마음과 잘못 때문에 불행할 뿐이다."[2]

《화에 대하여》는 미래가 불확실하고 출구가 없는 듯한 현대인들에게 자유로워질 수 있는 삶의 기술을 보여준다. 당신이 삶에서 고통을 겪는 이유는 단순히 당신의 마음 때문이라고 누군가가 말한다면 어떻겠는가? 내 마음이 어지러운 이유는 어지러운 세상 때문이 아니라 이 세상을 바라보는 나의 방식 때문이라면 어떻겠는가? 내가 겪는 모든 고통이 나의 감정 때문이고, 이 부정적 감정이 나의 그릇된 판단 때문이라면 어떻겠는가? 여기서 말하는 고통은 육체적인 것이 아니다. 한 사람의 삶을 부정적으로 물들이고 결국 망가뜨릴 수 있는 모든 부정적 감정이 무엇보다 삶을 고통스럽게 만든다. 불안, 좌절, 두려움, 실망, 분노와 같은 부정적 감정은 우리가 삶을 온전히 받아들이지 못하도록 만든다.

스토아철학은 이 모든 부정적 감정을 피하는 방법을 스스로 탐색하는 실천적 지혜이다. 스토아철학은 그 방법을 찾을 수 있는 능력이 우리 안에 있다고 전제한다. 이 철학은 1세기와 2세기에 살았던 세 명의 위대한 로마 철학자 세네카, 에픽테토스, 마르쿠스 아우렐리우스의 작품에서 발전되었다. 세네카는 네로 황제의 가정교사와 고문으로 활동했으며, 에픽테토스는 자유를 얻은 노예로서 철학 학교를 설립했고, 마르쿠스 아우렐리우스는 로마 황제였다. 귀족, 노예, 황제로서 그들의 삶은 너무나 달랐지만, 철학적 질문은 동일했다. '어떻게 해야 잘 살 수 있는가?'

스토아학파는 세네카가 태어나기 약 300년 전 아테네에서 시작되었다. 시작의 계기는 삶의 우연 때문이었다. 기원전 4세기 후반 페니키아의 무역상 제논이 염료가 가득한 배를 끌고 지중해를 항해했다. 하지만 도중에 배가 폭풍우로 난파했기 때문에 제논은 아테네에 오래 머물러야 했다. 어느 날 읽을 책을 찾으러 서점을 방문한 그는 소크라테스의 삶과 철학에 관해 듣게 되었다. 당시 아테네에서는 소크라테스 이후 여러 학파가 경쟁하고 있었는데, 제논은 이 철학들 중 어느 하나에 헌신하기보다 자신의 철학을 가르치기 위해 아고라 북동쪽의 '스토아 포이킬레Stoa Poikile', 즉 채색 주랑에서 제자들과 토론하기 시작했다. 이렇게 시작된 그리스 스토아학파의 글은 현재 대부분 사라져 짧은 인용문이나 단편만 남아 있다. 이로 인해 세네카는 작품이 거의 완전한 형태로 전해진 최초의 주요 스토아 철학자가 되었다. 다양한 철학적 주제에 대한 에세이, 친구 루킬리우스에게 보낸 편지, 그리고 여러 비극 작품을 쓴 세네카는 대담한 지적 자유와 열린 마음을 통해 우리에게 많은 영감을 준다.

　삶을 통해 삶의 길을 찾으려는 사람이라면, 누구나 직면하는 일상적 문제를 이야기해야 한다. 세네카의 가장 커다란 강점은 그의 성찰이 우리의 일상적 삶을 이야기하는 듯하다는 점이다. 스토아철학도 물론 철학인 까닭에 자연학, 인식론, 형이상학적 문제들을 다루지만, 이 문제들도 결국 하나의 핵심으로 귀결된다. 바로 삶의 궁극적 의미와 목적을 찾는 '삶의 기술'이다. 세네카에게 삶의 기술은 마음을 돌보는 것이다. 마음을 다스리면 평정심을 얻게 되고, 결국 자유로운 삶에 이른다는 것이다. 인간의 고통을 치료하지 않는 철학은 공허하다. 신체의 질병을 몰아내지 않는 의술이 아무런 소용이 없듯이, 마음의 고통을 몰아내지 않는 철학은 아무런 소용이 없다.

　스토아철학은 현대인이 겪는 마음의 병을 치유할 수 있을까? '스토아적'이라는 용어가 감정이 없고, 쾌락이나 고통에 무관심하며, 엄격한 규율을 지키는 사람을 설명하는 데 일상적으로 사용되는 것처럼, 스토아주의는 금욕주의나 엄격한 도덕주의로 보이는 것도 사실이다. 나는 이러한 해석이 스토아철학의 핵심을 지나치게 단순화한다는 것을 알면서도, 과도한 도덕주의가 과연 방황하는 나의 마음을 평정으로 이끌까 하는 의심을

프롤로그

떨칠 수 없었다. 이후 세네카를 읽으면서 그 의심이 오해와 편견임을 차츰 깨달았다. 물론 스토아주의가 강조하는 미덕, 성격, 목적이 행복을 달성하기 위한 틀이라기보다는 엄격한 도덕규범처럼 들릴 수 있다. 부, 지위, 쾌락, 심지어 건강과 같은 외부적 재화가 행복을 결정하지 않는다는 스토아철학의 주장은 시대착오적으로 보인다. 자기 통제를 강조하는 스토아철학은 기쁨이나 쾌락을 포기하라고 주장하는 엄격한 도덕주의 같다. 그러나 이런 오해에도 불구하고, 좋은 삶을 살기 위해서는 내면의 평화가 필요하다는 스토아철학의 핵심은 흔들리지 않는다.

나는 세네카를 읽으면서 마음의 병을 어느 정도 치유할 수 있었다. 세네카를 읽게 만든 것은 나의 실존적 문제였지 철학적 관심이 아니었다. 이 책에서 나는 세네카와 스토아철학을 학문적 관점에서 다루지 않았다. 우리가 살면서 마주하는 문제를 바라보는 시선에서 접근했다. 내가 일상적으로 겪는 문제는 약 열 가지다. 왜 나는 그렇게 화를 많이 내는가? 왜 나는 다른 사람이 가진 것을 질투하는가? 왜 나는 다른 사람에게 앙갚음하려 하는가? 왜 나는 내가 통제할 수 없는 역경과 재난 때문에 불행한가? 왜 나는 아직 오지 않은 미래가 불안한가? 왜 나는 지금의 삶을 즐기지 못하고 미루는가? 왜 나는 죽음을 두려워하는가? 왜 나는 감사하지 못하고 불평을 일삼는가? 왜 나는 안주하지 못하고 방황하는가? 왜 나는 자유롭지 못한가? 나는 세네카를 읽으면서 나를 괴롭히는 열 가지 질문이 모두 나의 마음에 달려 있다는 사실을 깨달았다.

나는 도덕주의자가 될 수 없으며, 되고 싶지도 않다. 나도 여느 사람과 마찬가지로 이기적이고, 물욕과 명예욕이 강하며, 인정받고 싶은 욕망도 강하다. 세네카 자신도 그랬던 것처럼 스토아주의자도 우리와 별다를 바 없는 감정과 욕망과 의지를 지닌 존재들이다. 도덕과 윤리라는 말이 진부해진 현대 사회에서도 행복하게 살려면 최소한의 도덕과 윤리가 필요할 수 있다는 질문은 일단 괄호 안에 넣어두자. 다른 사람에 대한 도덕적 관심도 일단 접어두자. 이 책에서 가장 중요한 것은 자신을 불행하게 만드는 마음의 병이다. 자신이 겪는 문제를 가지고 세네카를 읽으면 이 문제의 핵심을 꿰뚫어 볼 수 있다. 문제를 회피하지 않고 직시하면 적어도 어떻게 문제를 풀 수 있는가를 생각하게 된다. 삶을 성찰하지 않으면 결코 좋은 삶을 살 수 없다. 성찰하는 과정에서 우리는 좋은 삶이란 지혜를 개발하고, 감정적 회복력을 유지하고, 균형 있게 사는 것임을 깨닫게 된다.

세네카의 철학은 그동안 잊혔던 철학의 본질을 일깨운다. 우리는 삶에서 무엇을 바라는가? 행복한 삶과 좋은 삶을 바란다면 우리는 삶 자체를 성찰해야 한다. "성찰하지 않는 삶은 살

만한 가치가 없다.” 소크라테스의 이 말은 철학이 삶의 기술임을 역설한다. 철학이 소외된 시대에 많은 사람이 뚜렷한 삶의 목표 없이 살아간다. 과거에는 너무나 당연해서 진부하게 들린 '인생철학'이라는 것조차 이제는 사라진 것처럼 보인다. 인생철학은 짧은 삶에서 추구할 만한 가치가 무엇인지, 그리고 그것을 어떻게 얻을지를 알려준다. 우리가 가장 가치 있다고 여기는 것은 그것을 위해 다른 것을 희생할 수 있는 것이다. 뿐만 아니라 삶의 핵심 가치는 다른 많은 목표를 의미 있게 만들고 통합한다. 이것이 진정한 삶의 목적이다. 삶의 목적에 대한 일관성 있는 인생철학이 없으면 인생을 허비할 가능성이 크다.

이제 세네카의 가르침에 따라 내 안의 부정적 감정을 다스리는 법을 알아보자. 나의 진정한 목적을 실현하기에도 인생이 짧은데 쓸데없는 부정적 감정에 낭비할 시간이 없다. 화와 불만이 많은 세상에서 우리가 겪을 수 있는 고통을 열 가지 관점에서 다루는 이 책의 관심은 하나다. '스트레스 많은 세상에서 어떻게 마음의 평온을 얻을 것인가?' 마음이 평화롭지 않으면 우리는 결코 행복할 수 없기 때문이다. 마음의 평온을 얻으려면 삶의 고결한 목적에 집중해야 한다. 이 책이 독자에게 삶의 목표를 찾는 작은 길잡이가 되기를 바란다. 스토아가 성찰과 토론이 이루어지던 장소의 이름이었던 것처럼, 우리가 머무는 곳에서 겪는 모든 고통과 경험이 철학의 시작이다. 어떤 고통을 겪든, 어떤 문제에 맞닥뜨리든 자유를 향한 길이 열려 있다고 믿는다면, 좋은 삶은 언제든 가능하다.

2025년 여름
미리내에서

이진우

차례

프롤로그 방향을 잃은 광기의 시대에 필요한 '삶의 기술'　　005

1장 왜 우리는 분노에 휩싸이는가

'순간의 광기': 미치지 않고서야 화를 낼 수 없다　　021
화는 언제나 구실을 찾는다　　026
이성이 존재하는 곳에만 화가 생겨난다　　032
화를 늦춰야 화를 통제한다　　041

2장 다른 사람이 나보다 많이 가졌다고 화내지 말라

탐욕은 전염병과 같다　　051
남과 비교하면 마음이 가난해진다　　059
행운에 자신을 맡길수록 혼란에 빠진다　　066
자발적 가난은 마음을 부유하게 만든다　　072

3장 앙갚음하려 하면 자신도 위험해진다

화는 복수를 원한다　　081
좋은 분노는 없다　　088
무시하는 사람을 무시하라　　094

4장 역경을 길들이는 법: 통제할 수 있는 것에 집중하라

재난은 착한 사람에게도 찾아온다   103
최악을 예견하고 삶을 당연하게 여기지 마라   108
통제할 수 있는 것에 집중하라   117

5장 불안을 극복하는 법: 희망을 멈추면 두려움도 멈춘다

우리는 고유한 삶을 찾지 못해 불안하다   127
미래에 대한 걱정은 현재의 삶을 잠식한다   132
불안을 없애려면 현재를 살라   138

6장 시간을 잘 쓰는 법: 삶을 미루지 말라

쓸모없는 일에 쫓길수록 시간의 노예가 된다   147
주의를 기울여야 시간은 내 것이 된다   152
충만한 시간은 자유를 위한 시간이다   158

7장 죽음으로 충만하게 살기: 매일 마지막 날인 것처럼 살라

삶과 죽음은 반대가 아니다   167
진정으로 살아야 나의 이야기가 있다   174
죽음으로부터의 해방이 우리를 자유롭게 한다   181
죽음의 방식을 스스로 선택하리   189

8장 불평과 감사: 짜증 내지 않으면 짜증 나지 않는다

짜증은 내어서 무얼 하나 199
불평할수록 삶은 불편해진다 205
감사할 줄 알아야 행복과 가까워진다 212

9장 너는 너 자신에게서 벗어날 수 없다

자신으로 떠나는 여행 223
목적지가 없는 길은 길이 아니다 229
삶의 중심을 잡아주는 목적을 가져라 236

10장 내 것이 아닌 것들을 내려놓아라

자유는 온전한 자신으로 살아가는 것이다 245
행복한 삶은 자유로운 사람들의 우정에서 나온다 253
한계를 알아야 행복을 얻는다 261

에필로그 삶을 바꾸는 일상의 철학 269

미주 278
참고문헌 286

1장

왜 우리는
분노에
휩싸이는가

"그 어떤 역병도
분노만큼
인류에게 큰 대가를
치르게 하지는 않았다."

-세네카, 《화에 대하여》, I, 2.1.

'순간의 광기':
미치지 않고서야 화를 낼 수 없다

모든 시대에는 그 시대의 고유한 질병이 있다. 우리 시대의 질병은 모두 감정과 관계 있는 것처럼 보인다. 자신을 하찮게 여기며 우울해하는 증상이나 자신을 특별히 여기며 우쭐대는 나르시시즘 모두 감정의 병이다. 어느 날은 기분이 매우 좋았다가 어느 날은 갑자기 울적해지는 변덕이 우리의 감정을 지배한다. 하루에도 수십 번 변화하는 감정의 날씨에는 일기예보도 통하지 않는다. 감정은 갑자기 일어났다 순식간에 스러진다. 세찬 감정의 바람은 언제나 마음에 흔적을 남긴다. 좋은 감정이든 나쁜 감정이든 마음을 흔든다.

모든 감정 중에서 가장 격정적이고 파괴적인 것은 두말할 나위 없이 '화', 즉 '분노'다. 화라는 부정적 감성을 방치하면 우

리의 평온을 파괴할 수 있다. 화가 깨뜨리는 것은 평화만이 아
니다. 다른 사람과의 관계를 깨뜨리고 궁극적으로는 나의 인격
을 파괴한다. 화를 잘 내는 사람은 성격이 더럽다고 불린다. 다
른 사람이 몹시 못마땅하거나 언짢아서 화를 내면 사람들로부
터 고립되고, 상처받은 자신에게는 더욱 화가 난다. 평정심을
추구한 스토아철학은 유독 '화'에 집중했고, 우리가 경험하는
분노를 최소화하기 위한 전략을 고안해냈다.

  화가 인격과 사회에 어떤 영향을 미치는지는 화난 사람의
모습을 보면 안다. 루키우스 안나이우스 세네카는 화와 관련한
현상을 이렇게 인상적으로 그린다.

> 미친 사람은 특유의 증상을 보인다. 대담하고 위협적인 표정,
> 찌푸린 이맛살, 사나운 얼굴, 빠른 걸음걸이, 들썩이는 손, 변
> 화한 안색, 잦고 매우 강한 한숨. 화난 사람도 같은 증상을 보인
> 다. 눈이 이글거리고 깜빡거리며, 심장 깊은 곳에서 피가 솟구
> 쳐 올라와 얼굴이 시뻘겋게 달아오르고, 입술이 떨리고, 이를
> 갈고, 머리카락이 꼿꼿이 곤두서고, 숨은 거칠어지고 헐떡이
> 며, 관절이 뒤틀리면서 우두둑 소리를 낸다. 화난 사람은 신음
> 하고 울부짖으며, 말이 명확하지 않고 끊기며, 반복적으로 손
> 뼉을 치고 땅을 구른다. 그리고 분노에 차 위협할 때면 온몸이

광란에 빠진다. 화가 나서 얼굴이 일그러지고 부풀어 오른 사람의 모습은 정말 추악하고 끔찍하다. 이러한 악덕이 더 혐오스럽다고 할지, 아니면 더 추악하다고 해야 할지 말하기 어려울 것이다.[1]

화난 사람이 자신의 모습을 볼 수 있다면 분명 소스라치게 놀랄 것이다. 자신이 낯설게 느껴지고, 곤혹스러워진다. 미치지 않고서야 어떻게 저렇게 행동할 수 있단 말인가. 말과 행동이 평상시와 사뭇 달라지며 분노하는 모습을 우리는 정신이 이상해진 증후로 받아들인다. 세네카에 의하면 "화는 순간의 광기"[2]이다. 화가 난 사람은 전혀 다른 사람이 된다. 그는 미친 사람이 된다. 평상시는 다정다감했는데 갑자기 돌변하여 도무지 이해할 수 없는 '짐승'이 되고 '괴물'이 된다.

화가 무서운 것은 우리를 변신시키기 때문만은 아니다. 화는 격정적으로 표현된다. 격렬한 감정이 표정으로 드러나므로 감출 수 없다. 어쩌면 화는 스스로 드러나려는 가장 강렬한 충동인지도 모른다. 감출 수 없고 억누를 수 없다는 게 화의 특징이다. 웃는 얼굴로 화를 낼 수는 없다. 화는 강렬하고 갑작스러워 누르기 어려운 감정이다. 화난 사람은 험악한 표정으로 고성을 지르고, 온몸으로 분노를 표현하고, 사나운 몸짓으로 공격적인 태도를 보인다. 이처럼 화는 스스로를 뚜렷하게 드러낸다.

우리는 화의 태풍이 지나가고 난 다음에 왜 화를 냈는지 나름의 이유를 찾지만, 화가 난 순간에는 사실 그 원인을 알지 못한다. 짐짓 화가 난 것처럼 꾸밀 수 있을지는 모르지만, 진정한 화는 자신을 꾸미지 못한다. 까닭 없이 불현듯이 생기는 화는 우리를 순식간에 삼키기 때문이다. 분노라는 격렬한 감정에 휩싸이면 걷잡을 수 없게 된다. 화가 치밀어 오르면 어떤 좋은 말과 이성도 통하지 않는다. 우리는 그저 북받치는 감정의 노예가 될 뿐이다.

스토아철학자들은 인간의 부정적 감정들 중에서도 화가 가장 나쁘고 가장 독성이 강하다고 여겼다. 왜 화는 그토록 끔찍하고 파괴적인가? 화는 어떻게 생겨나는 것인가? 그리고 우리는 안에서 갑작스럽게 일어나는 화를 어떻게 다스릴 수 있는가? 현대인의 대표적 질병인 화에 관한 이 질문들에 답하는 과정에서 세네카의 스토아철학은 좋은 길잡이가 된다. 그가 《화에 대하여》에서 다룬 감정에 관한 철학적 화두는 사실 그의 모든 글을 관통한다. 감정을 잘 다스려야 우리는 이성적 존재가 된다. '좋은 삶'의 지혜는 오로지 감정으로부터 자유로워짐으로써 얻을 수 있다.

21세기는 감정의 시대다. 우리는 이성과 합리성이라는 말을 진부하게 생각한다. 다른 사람의 감정을 배려하고 공감하는 사람이 훨씬 더 인간적이라고 여긴다. 그러려면 감정을 잘 보살피고 관리해야 한다. 그렇다면 어떻게 화라는 격정을 다스릴 수 있는가? 화에 휘말릴 때 우리가 잠시나마 자제력을 잃는 이유는 이성의 마비나 결여 때문은 아닌가? 스토아철학은 화가 우리의 이성을 완전히 파괴할 수 있다고 말한다.

"화를 내면 붕괴하는 건물이 무너져 내리는 것을 부수면서 돌무더기로 변하는 것처럼 한순간에 자제력을 잃어버리고, 예의를 잊고, 개인적 유대감을 무시하고, 목표에 끊임없이 집중하고, 합리적인 숙고에서 차단되고, 별다른 이유 없이 흥분하면서 무엇이 정당하고 진실한 것인지 분별하지 못한다."[3] 무너져 내리는 건물을 다시 부숴 돌무더기로 만드는 것이 바로 화다. 화내는 사람은 자신의 분을 못 이겨 더욱 화를 내고 결국은 완전히 파괴된다. 화가 '순간의 광기'라는 말은 결코 은유적 표현이 아니다. 화는 치명적 현실이다.

화는
언제나 구실을 찾는다

분노는 무차별적이다. 성공한 사람도 화를 내고, 실패한 사람도 화를 낸다. 화에는 정당한 이유가 없다. 설렁탕 국물에 비곗덩어리만 들어 있다고 화를 내고, 포도주 잔에 코르크 부스러기가 떠다닌다고 화를 낸다. 만원 버스에서 발을 밟혀도 화를 내고, 식당에서 천방지축 뛰어다니는 어린아이에게도 화를 낸다. 자신은 바뀌지 않으면서 남을 바꾸려는 상사의 꼰대 짓에도 화가 나고, 자기 일은 철저하게 잘하지만 남은 전혀 배려하지 않는 동료의 나르시시즘에도 화가 난다. 사람이 포악한 괴물로 변할 정도면 엄청난 이유가 있어야 하는데, 우리 안에는 사소한 일에도 분개하는 무언가 이해할 수 없는 존재가 있는 것처럼 보인다.

세네카는 화의 이러한 무차별적 폭력을 꿰뚫어 보았다. "격분할 구실을 찾아내는 데 화는 얼마나 현명한가!"[4] 이성은 분별 있게 구별하지만, 화는 어떤 것에도 차별을 두지 않는다. "이성은 오직 문제가 되는 사건만 고려하지만, 화는 문제와 상관없는 공허한 상상에도 흔들린다. 너무 태연한 표정, 너무 큰 목소리, 너무 자유로운 말투, 너무 세련된 옷차림, 너무 고집스러운 주장, 대중의 지지. 이 모든 것이 화를 잘못된 방식으로 자극한다."[5] 화는 집요하게 구실을 찾아낸다. 길거리에 튀어나온 돌부리에 화를 내고, 울퉁불퉁 어그러진 보도블록에 화를 내고, 이쁜 노란색 은행나무 낙엽 사이로 퍼져 나오는 고약한 냄새에 화를 낸다. 엄마가 화낼 때마다 등장하는 엄친아의 잘난 외모와 능력에 화가 나고, 그런 엄마가 다른 사람들 앞에서는 엄청나게 다정한 것처럼 굴 때도 화가 난다. 화는 이유도 없고, 대상과 시간도 구별하지 않는다.

화는 현대인의 만성 전염병이다. 전통 사회에서는 화가 특정 인물에 해당되는 부성적 성격으로 인식되었지만, 현대사회에서 화는 사람의 문제가 아니라 사회 전체의 문제다. 모든 사람이 화를 내고, 화의 대상이 된다. 화가 상대적으로 적은 사람조차도 '화난 사회'에 짜증을 내다 결국 분노를 폭발한다. 화는 종종 불의, 좌절 또는 위협에 대한 자연스러운 반응이다.

화는 불쾌감이나 적대감을 특징으로 하지만 생존을 위해 필요한 감정이라고 한다. 개인에게 무언가 잘못되었다는 신호를 보내고 문제를 해결하도록 동기를 부여하는 기능을 하기 때문이다. 그러나 화를 효과적으로 관리하지 않으면 파괴적인 행동으로 확대된다. 화는 우리의 일과 관계, 전반적 웰빙에 부정적 영향을 미친다. 화의 최대 피해자는 결국 화내는 사람 자신이다. 화는 화내는 사람의 영혼을 잠식하여 불행하게 만들기 때문이다.

오늘날 분노조절장애는 일반적인 정신 질환이다. 분노와 폭력의 폭발적 분출이 특징인 '간헐적폭발장애intermittent explosive disorder'는 사전에 계획되어 나타나는 것이 아니다. 화는 순간적이고 폭발적이다. 우리 모두는 외부의 자극에 반응한다. 분노도 외부 자극에 대한 반응이지만 그 강도가 자극에 균형 있게 비례하지 않는다. 상대방이 큰소리로 욕해서 화나기도 하지만, 웃는 얼굴로 차분한 목소리로 낭창하게 말해도 화가 난다. 화는 외부의 자극과 도전에 대한 불균형적 반응이다. 화를 유발하는 외부 자극은 실제적일 수도 있고, 단지 그렇게 지각한 것일 수도 있다. 어떤 사람은 화가 폭발하기 전에 일련의 기분과 감정의 변화를 느끼기도 하지만, 대부분은 거의 알아차리지 못한다. 화가 나기 전에 이미 감정을 제대로 관리하지 못한 것일 수도 있다.

사람들이 그 어느 때보다 화에 시달린다면 현대사회에 뭔가 잘못된 것이 있음이 분명하다. 연구에 따르면 분노는 일상적 스트레스에 사람들이 가장 흔히 나타내는 감정적 반응 중 하나다. 미국심리학협회APA에 따르면 성인의 약 65퍼센트가 정기적으로 분노를 경험했으며, 상당수가 자주 화를 낸다고 인정했다.[6] 또한 임상 연구에 따르면 점점 더 많은 개인이 분노 관리와 관련한 문제로 치료를 받고 있다. 미국에서 약 1,690만 명의 성인이 분노 문제를 겪고 있다고 한다. 그중 70퍼센트의 경우 상처, 좌절 또는 두려움과 같은 근본적인 감정으로 인해 분노 반응이 발생한다고 한다. 노동자의 68퍼센트는 직장에서의 분노가 생산성에 부정적인 영향을 미친다고 말한다. 분노는 단순히 불타는 감정만은 아니다. 분노는 건강에 해를 끼치고, 공감을 감소시키고, 공격성을 증가시킨다. 다스리지 못하는 화는 개인의 영혼뿐만 아니라 사회질서까지 파괴한다.

화는 21세기의 정신적 역병이다. 이 역병으로 인한 피해는 엄청나다. "어떤 역병도 분노만큼 인류에게 큰 대가를 치르게 하지는 않았다."[7] 세네카의 진단은 옳다. 우리는 주변에서 사람들이 살해당하고 고소당하는 광경을 본다. 러시아와 우크라이나의 전쟁, 이스라엘과 하마스의 전쟁에서처럼 도시와 국가가 파괴되는 것을 본다. 화는 이제까지 사랑하던 사람들이 서로 죽이겠다고 위협하게 만든다. 화는 가정을 파괴하고, 어떤 사람을 빈곤에 빠뜨리고, 친구를 원수로 만늘도록 부수신나. 화는 개인을 피폐하게 만든다. 세상에는 화낼 일이 너무나 많다. 화를 다스리는 법을 배우지 않으면 우리는 늘 화를 낼 수밖에 없다. 화는 역병처럼 무차별적이기 때문이다.

화가 모든 악덕을 능가하기 때문에 최악의 악덕이라면, 역병 중에서 가장 치명적인 역병이다. 화는 우리의 정신과 영혼을 완전히 뒤집어놓기 때문에 다른 악덕도 제압한다. 누군가가 격분에 사로잡혔을 때 최고로 군림하는 것은 화뿐이다. "어떤 격정의 노예가 된 마음은 마치 폭군의 영토에 머무는 것과 같다."[8] 악덕의 왕국에는 우리의 감정을 통제할 이성이 없다. 이성이 완전히 사라진 영토에서 사는 모습은 어떨까? 화가 왜 최악의 악덕인지를 알고 싶으면 미친 사람들만 살아가는 폭군의 왕국을 상상하면 된다. 그러면 세네카의 말이 현실로 다가올 것이다.

화에는 사악한 특성이 있다. 그것은 통제되는 것을 싫어한다. 화는 진실이 자신의 의지에 반하는 것처럼 보이면 진실 자체에 점점 더 분노한다. 화는 고함을 지르며 소란을 피우고, 온몸을 부들들 떨면서 욕설과 저주를 퍼부으며 자기가 의도한 희생자를 쫓아간다.[9]

화내는 사람을 말리는 것은 불에 기름을 붓는 격이다. 최악의 감정인 분노의 불길을 더욱 크게 만드는 것은 이성이다. 열불 내는 사람에게 조곤조곤 사리를 따지듯 얘기하는 것은 화를 오히려 북돋운다. 화를 가라앉히려면 우선 감정을 이해해야 한다. 사람들은 대부분 화에 대해 진지하게 생각해본 적이 없어서 화를 자연스러운 감정으로 받아들이고, 어떤 면에서는 피할 수 없다고 생각한다. 화가 악이라면 필요악이라는 것이다. 인간이 감정의 동물인 이상 어쩔 수 없이 화내는 경우가 있다는 것이다. 이성의 통제를 싫어하는 화를 파악하려면 우리는 먼저 감정을 알아야 한다.

이성이 존재하는 곳에만
화가 생겨난다

한때 세계에는 이성이 높은 가치로 군림한 적이 있었다. 논리적 타당성에 근거하여 사물을 인식하거나 판단하는 합리주의가 이상처럼 여겨졌다. 사람들은 논리적으로 얘기하는 사람을 보면 똑똑하고 영리하다고 생각한다. 문명의 목표는 우리의 삶과 사회를 이성적으로 만드는 것이었다.

이성의 철학자 게오르크 빌헬름 프리드리히 헤겔은 '이성의 간계'라는 독특한 개념을 만들어냈다. 반이성적으로 보이는 개인의 열정과 정열이 세계사를 움직이는 것 같지만, 사실은 세계 이성이 자신의 목적을 실현하기 위하여 열정과 정열을 이용한다는 것이다. 이성은 감정을 뜻대로 사용할 정도로 교활하다. 카이사르와 나폴레옹 같은 세계사적 위인들이 모두 개인의 열정을 좇아 행동해도 궁극적으로 역사는 이성적으로 전개된다는 말은 이제 공허하게 들린다.

현대의 삶이 과거보다 조금 나아졌는지는 몰라도 사람들이 이성적인 것 같지는 않다. 전쟁은 끊이지 않고, 폭력은 사라지지 않는다. 사람들은 권리를 주장하고 노예라는 말을 극도로 혐오하면서도 물질의 '노예처럼' 살아간다. 우리를 고통스럽게 만드는 게 줄어들기는커녕 오히려 늘어난다. 어느 순간 우리는 이성에 대한 믿음을 잃기 시작했다. 역사의 진보, 인간 해방, 자유 실현 같은 거대한 이야기들은 이제 공허하게 들린다. 그래서 이성에서 감정으로 눈을 돌린다. '공감', '동정', '배려' 같은 감정의 말들을 '합리', '올바름', '정의'와 같은 이성의 말들보다 선호한다. 21세기에 일종의 '감정적 전회'가 이루어진 것이다.

이성과 감정은 우리를 움직이는 두 가지 근본적인 힘이다. 이성적 설득보다 감정적 호소가 훨씬 더 효과적일 때가 있다. 사람은 결코 이성만으로 움직이지 않기 때문이다. '사람들이 고통을 당한다'라는 판단은 이성적으로 할 수 있는 일이지만, 다른 사람의 고통을 자신의 고통처럼 공감하고 '우리는 고통을 줄여야 한다'라고 도덕적 판단을 내리는 것은 감정의 일이다. 배고플 때 가게까지 걸어가도록 이끄는 열정이 없다면 우리는 가게까지 가지 않을 것이다. 이성만으로는 음식을 살 수 없다. 배고픔을 해결하려는 열정과 누군가에게 깊은 인상을 심어주기 위해 요리를 하려는 욕구와 열정이 우리를 행동으로 이끈다. 우리를 구체적 행동으로 이끄는 것이 감정과 열정이라면, 18세기 영국 철학자 데이비드 흄의 말처럼 "이성은 감정의 노예이다."[10]

오늘날 우리는 이성과 합리성에 화를 내는 것처럼 보인다. 요즘 유행하는 성격 유형 테스트에 따르면 의사 결정할 때 감정보다 논리와 객관적 사실에 기반을 두는 성격을 'T$_{thinking}$'라고 하는데, "너 T야?"란 말이 일종의 조롱이 되었다는 사실은 이러한 경향을 잘 말해준다. 이성적이기만 한 사람이 로봇처럼 보이고, 감정적이기만 한 사람은 괴물이라고 해도, 우리는 로봇보다 괴물을 선호한다. 예를 갖추고 분별 있게 행동하라고 말하면 화를 낸다. 자신의 감정을 이해하지 못하기 때문이다. 그렇다면 이성은 필요 없는가? 그렇지 않다. 감정과 이성은 모두 삶을 의미 있게 만드는 원천이다. 화를 다스리고 분노를 조절하려면 감정만큼이나 이성이 필요하다는 사실을 깨달아야 한다. 감정에 휩쓸려 사는 사람에게 이성이 필요하다는 사실을 극단적으로 일깨우는 것이 바로 화다.

"화는 이성의 적이지만, 이성이 있는 곳에서만 발생한다."[11] 화는 아무런 이유 없이 격정이 분출되는 현상 같지만, 여기에는 반드시 이성이 작용한다. 인간만이 이성을 가진 동물이라면, 인간에게만 감정이 있다. 세네카는 인간을 제외한 야생동물에게는 화가 없다고 말한다. 야생동물이 광란, 사나움, 공격성과 같은 충동을 느낀다고 해서 화를 내는 것은 아니다. 동물이 어떤 쾌락을 느낀다고 해서 사치를 추구하지는 않는 것과 같다. 우리는 종종 입에 거품을 물고 엄니를 가는 멧돼지나 발굽으로 모래를 파헤쳐 사방으로 흩뿌리는 황소에 화난 사람을 비유하지만, 위협받은 동물이 드러내는 사나움은 분노의 표현이 아니다.

세네카는 우리가 감정을 제대로 이해하면 화와 같은 부정적 감정이 생기기 전에 없앨 수 있다고 말한다. 스토아철학은 감정에 대한 이해를 전제한다. 물론 감정을 이해한다고 화를 다스리는 게 쉽지는 않다. 상당한 자기 인식과 오랜 훈련이 필요하다. 하지만 세네카를 읽으면서 스토아학파의 감정 이론을 배우는 것만으로도 부정적 감정을 상당히 줄일 수 있다.

사실 내가 세네카의 《화에 대하여》를 읽은 계기는 우리 사회가 미쳐 날뛰는 분노 사회라는 인식 때문이었지만, 책을 읽으면서 나 자신의 화도 해부할 수 있었다. 나는 분노 사회에 대한 나의 진단에 동의하지 않는 사람에게 화가 났고, 나 자신에게서도 분노의 초기 징후를 느꼈다. 친구들과 모이는 자리나 가족과 식탁에서 나누는 일상적 대화에서도 정치적 입장이 다름을 확인하면 화가 치밀어 올랐다. 문제는 이러한 화가 전혀 상관없는 다른 구실을 찾아낸다는 것이었다. 하지만 화가 나를 완전히 장악하기 전에 나는 세네카의 말을 떠올렸고, 부정적 감정이 자리 잡기 전에 그 감정을 해체할 수 있었다.

우리는 종종 스토아철학을 오해한다. 스토아에서 유래한 영어 낱말 '스토익stoic'이 아무런 감정을 보이지 않는 금욕적 태도를 의미하는 것처럼, 우리는 스토아철학이 감정을 경험하지 못하거나 감정을 억누른다고 생각한다. 그것은 전적으로 오해이다. 세네카는 스토아학파의 현자조차 정상적인 인간적 감정을 경험한다고 끊임없이 상기시킨다. 스토아철학자들도 고통, 슬픔, 분노를 느낀다. 스토아철학자 에픽테토스는 어떤 열정에도 방해받지 않는 "동상처럼 무감각해서는 안 된다"[12]라고 말한다. 우리는 경건한 사람으로서, 부모로서, 아들과 딸로서, 시민으로서 감정을 느낀다. 자연적으로 습득한 관계를 보존하고자 한다면 우리는 감정을 가질 수밖에 없다.

스토아철학은 감정을 '원시적 감정', '부정적 감정', '긍정적 감정' 세 가지로 명료하게 분류했다. 원시적 감정은 글자 그대로 외부의 자극에 첫 번째로 느끼는 감정이다. 모든 사람이 경험하는 원시적 감정은 본능적이고 자발적인 반응을 포함한다. 부끄러워 얼굴이 붉어지는 것, 가슴이 두근거리는 것, 누군가 몰래 다가오면 놀라는 것, 슬픈 상황에서 표정이 어두워지는 것, 많은 사람 앞에 나서는 것을 두려워하는 것처럼 외부의 자극에 일차적으로 대응하는 자연스러운 감정이다. 원시적 감정은 저절로 생겨났다 사라지기 때문에 비자발적이고, 통제할 수 없다. 우리의 성격에 긍정적이거나 부정적인 영향을 미치지 않는 이러한 감정은 도덕적으로 무관심하고, 무의미하다.

부정적 감정은 원시적 감정이 촉발할 수 있는 감정이다. 스토아철학은 이 감정을 '열정pathe, passions'이라고 부른다. 열정이든 격정이든 부정적 감정은 강렬하고 갑작스러워 누르기 어려운 감정들을 포함한다. 분노, 시기, 질투, 탐욕 같은 것들이다. 이 감정들은 우리의 영혼과 삶을 파괴하기 때문에 부정적이며, 신체적으로도 해롭다. 핵심은 이러한 감정이 잘못되고 거짓된 판단에서 발생한다는 점이다. 잘못된 믿음에 기반한 이 부정적 감정은 우리의 성격에 해로우므로 악덕의 원천이다.

세 번째 감정 그룹은 긍정적이고 '좋은 열정eupatheiai'이다. 기쁨, 명랑함, 사교성, 호의, 우정과 사랑이 포함되는 이 감정은 '좋은 감정', '건강한 감정' 또는 '긍정적 감정'이다. 스토아주의자들이 긍정적 감정을 '좋은 열정'이라고 부른 이유는 어쩌면 스토아학파에는 감성이 없다는 잘못된 인식을 바로잡으려 했기 때문일지도 모른다. 부정적 감정과 마찬가지로 긍정적 감정도 정신적 판단에 기반을 둔다. 좋은 열정에서 충동의 힘은 대상의 가치에 적합하고, 합리적인 행동과 일치하며, 대상의 본성에 대한 믿음이나 판단이 참이다. 따라서 좋은 열정은 인격과 성격에 긍정적 영향을 미치기 때문에 미덕의 근원이 된다.

이성의 적인 화와 분노는 이성이 개입하는 곳에서만 발생한다. 우리가 이성으로 판단하지 않는다면 감정은 좋지도 나쁘지도 않다. 세네카는 이렇게 말한다. "이성과 열정은 분리된 별개의 다른 장소에 거주하는 것이 아니라 마음이 더 좋은 상태나 더 나쁜 상태로 변화하는 것이다."[13] 우리의 마음을 더 좋거나 더 나쁜 상태로 바꾸는 것은 바로 우리의 판단이다.

우리가 일상적으로 경험하는 일을 사고 실험으로 떠올려보자. 어느 토요일 덕수궁 돌담길을 산책하기 위해 지하철을 타고 시청역에서 내렸다고 가정해보자. 광장을 가득 채운 시위대의 고성을 들으면 '아, 정말 시끄럽네!'라고 느낄 수도 있다. 고궁을 향해 걸으면서 금세 잊어버릴 수 있는 평범한 감정일 뿐이다. 하지만 혼잡한 길거리와 시끄러운 소리에 집착하여 '기분 잡쳤네. 왜 나의 고궁 나들이를 망치는 거야!'라고 생각한다면 화의 부정적 감정이 시작되는 것이다. 화는 단순한 원시적 감정이 아니라 거짓되며 잠재적으로 해로운 판단에 기반을 두기 때문이다.

세네카는 이러한 화의 마음을 인상적으로 해부한다. 그에 따르면 우리의 마음은 세 단계로 움직인다.[14]

첫째 단계는 우리가 통제할 수 없는 자연스럽고 본능적인 느낌이다. 이 자연스러운 느낌은 원시적 열정이며, 더 나쁜 일이 다가올지도 모른다는 일종의 신호와 경고이다. 세네카는 이 생생한 느낌을 '충격', '흥분' 혹은 '첫 번째 움직임'이라고 부른다. 이것은 열정이 아니라 열정으로 변할 수 있는 인상 또는 느낌이다.

둘째 단계는 우리가 통제할 수 있는 경험에 대한 판단이다. 세네카가 말했듯이 화 자체는 항상 두 가지 정신적 판단에 기초한다. 첫 번째 판단은 '나는 해를 입었다' 또는 '누군가가 나를 부당하게 대했다'이다. 두 번째 판단은 '내가 해를 입었다면 보복을 추구해야 한다'이다. 두 가지 판단이 합쳐지면 그 결과는 극도의 분노의 표현일 가능성이 크다.

셋째 단계는 이성이 완전히 무너져 통제할 수 없는 극단적인 부정적 감정의 표출이다. 화가 치밀어 올라 마음을 완전히 장악하고 복수를 추구한다. 이 시점에 분노에서 물러나기에는 너무 늦다. 일시적인 광기가 시작된다.

우리가 감정에 솔직하게 열려 있어야 하는 이유는 이성과 열정을 가능한 한 분리하기 위해서이다. "고삐를 쥔 이성은 열정에서 멀어져 있는 한에서만 통제할 수 있다. 일단 이성이 열정과 뒤섞여 오염되고 나면, 차단할 수 있었던 열정을 더 이상 통제할 수 없다. 우리의 사고는 일단 흔들리고 본래 자리에서 벗어나면 자신을 밀어내는 것의 노예가 된다."[15] 분노라는 일시적 광기에 휘둘린 사람은 제대로 생각하지 못한다. 이성이 오히려 격정의 노예가 된다. 우리는 부정적 감정이 생기기 전에 올바로 판단해야 한다. 왜 이러한 해로운 감정을 유발하는 판단을 내리는가? 이성이 화에 굴복했을 때 우리는 어떻게 이성을 부활시킬 수 있는가? 우리 안의 화를 다스리려면 이성과 감정의 관계를 진지하게 생각해야 한다.

화를 늦춰야
화를 통제한다

우리는 화가 언제 찾아올지 알 수 없다. 일단 화가 나면 쉽게 통제하지도 못한다. 화는 날벼락처럼 느닷없이 찾아와 이성을 마비시키고 마음을 장악한다. 분노의 화를 입지 않으려면 그 최초의 충동에 굴복하지 않도록 싸워야 하지만, 모든 것이 순식간에 일어나기 때문에 이 또한 쉽지 않다. 그러면 우리는 어떻게 화를 극복할 수 있는가? 이 물음에 대한 단서는 화가 생겨나는 과정에 숨어 있다. 앞서 이야기한 화가 일어나는 세 단계를 살펴보면 화를 멈출 수 있는 유일한 방법은 처음 두 단계에 있다. 세 번째 단계에 도달하면 모든 게 너무 늦다. 분노 조절이 어려운 이유는 세 단계가 너무 빨리 일어나기 때문이다. 따라서 우리가 할 수 있는 가장 중요한 일은 화가 올지도 모른다는 초기 감각이 있을 때 그 과정을 늦추는 것이다.

화는 일단 몸 안에 들어오면 마음을 망가뜨리는 기생충과 같아진다. 따라서 가장 좋은 치료책은 그 감정에 빠지지 않는 것이다. 세네카는 화를 다스리는 치유법은 두 가지를 목표로 한다고 말했다. "화에 빠지지 않는 것과 화난 상태에서 잘못을 저지르지 않는 것이다."[16] 화에 빠지지 않으려면 화라는 감정을 이해해야 하고, 화났을 때 잘못된 행동을 하지 않으려면 이성을 사용할 줄 알아야 한다. 화라는 격류에 휩쓸리지 않으려면 무엇보다 그 감정에 거리를 둬야 한다. 이성을 사용할 시간을 확보하기 위해서다. 최초에 찾아오는 화의 느낌은 본능적인 감정이어서 이성의 힘으로 막을 수 없다. 누군가가 손가락으로 내 눈을 찌르려 하면 저절로 눈을 감게 되는 것과 같은 이치이다. 우리가 할 수 있는 것은 화의 최초 감정이 세찬 불길로 치솟아 우리를 파괴하지 않도록 하는 것이다.

화의 불길에 기름을 붓지 않도록 해주는 것은 바로 이성이다. "이성은 비록 화의 최초 움직임을 극복할 수 없지만, 우리가 이러한 움직임에 익숙해지고 끊임없이 주시한다면 그 힘이 약해질 수 있다. 숙고에서 생겨나는 화의 두 번째 움직임은 숙고로 근절된다."[17] 화를 다스리려면 신중하게 생각할 시간을 이성에 줘야 한다. 화의 불길이 닿지 않도록 공간적 거리를 두고, 화의 원인을 숙고할 시간적 거리를 둬야 한다. 세네카는 화를 다스리는 가장 강력한 도구는 '지연'이며, 화가 일어나는 세 단계 전체를 늦추는 것이라고 말한다.

"화를 치료하는 가장 좋은 방법은 그것을 늦추는 것이다. 처음부터 용서하지 말고 신중하게 생각하라고 화의 지연을 요구하라. 화가 처음 공격할 때는 피해가 크지만, 조금만 기다리면 물러설 것이다. 한꺼번에 화를 뿌리 뽑으려고 애쓰지 마라. 하나하나 조금씩 뽑아내면 언젠가 화를 완전히 없앨 수 있을 것이다."[18]

감정은 순간적이고, 이성은 시간이 필요하다. 느낌은 생각할 겨를 없이 찾아온다. 신중하게 생각하고 한 말은 다른 사람을 배려하지만, 생각 없이 내뱉은 말은 상처를 준다. 밤새도록 끙끙대고 일했지만 과제를 끝내지 못해 속상한 사람이 있다고 하자. 그런데 친구가 그를 보고 "너, 머리가 왜 그렇게 수세미 같니!"라고 지적했다고 하자. 이 지적에 화를 내자 친구는 이렇게 말한다. "아무 생각 없이 한 말인데, 미안해." 이런 상황에서 우리는 이렇게 말한다. "제발 생각 좀 하고 말해!" 우리는 다인의 생각 없는 말과 행위에 화가 나고, 자신의 화에 대해 신중하게 생각하지 않으면 더욱 화가 난다.

스토아철학은 처음부터 우리 마음속에서 일어나는 최초의 움직임을 분석하는 게 얼마나 중요한지 강조했다. 외부의 자극에 마음이 일으키는 최초의 움직임은 '인상'이다. 우리는 사람이나 사물에 대한 첫인상이 중요하다고 얘기한다. 그러나 어떤 대상에 대하여 마음속에 새겨지는 느낌은 우리를 속일 수 있다. 인상에 좌우되어 성급하게 판단하지 않으려면 여유가 있어야 한다. 스토아철학자 에픽테토스는 "철학자의 가장 중요한 첫 번째 과제는 인상을 시험하고 구별하는 것"[19]이라고 말한다. 신중하게 시험하지 않은 인상은 받아들여서는 안 된다는 것이다. 생각 없이 산다는 것은 인상에 따라 아무 구별을 하지 않고 산다는 것이다. 화는 급격하고 격렬하게 일어나는 부정적 첫인상이다. 화를 다스리려면 이러한 첫인상을 지혜롭게 사용할 줄 알아야 한다.

동물은 외부의 자극에 즉각 반응하지만, 인간은 거리를 두고 반응한다. 독사는 다른 생명체가 가까이 다가오면 목을 불룩하게 부풀리면서 대가리를 쳐들지만, 인간은 우선 다가오는 것이 자신을 위협하는지 아닌지를 판단한다. 거리를 둔다는 건 본래 생각한다는 것이다. 생각한다는 것은 거리를 둔다는 것이다. 자극에 바로 반응하지 않고 시간을 두어야 생각할 수 있다. 자극과 반응 사이에 일종의 공간이 있다고 상상해보라. 그 공간에는 반응을 선택할 수 있는 우리의 힘이 있다. 우리는 즉각 화로 반응할 수도 있고, 성내게 만드는 대상을 피할 수도 있다. 인간의 자유는 선택하는 데 있다. 자극과 반응 사이에 잠시 멈추고 반응을 늦추면, 그 멈춤과 늦춤에서 유익한 반응을 선택할 자유가 생긴다.

　세상사에 거리를 두면 화낼 일이 별로 없다. 정작 화가 나도, 거리를 두면 화를 누그러뜨릴 수 있다. 마음이 먼저 인상에 동의하고 느낌에 대한 잘못된 판단을 받아들이지 않으면 부정적인 감정이 생겨나지 않는다. 잠시 멈추고 화를 늦추면 첫 번째 감정과 인상에 의문을 제기할 수 있다. 화를 다스리는 "가장 좋은 방법은 화의 첫 번째 자극을 곧바로 거부하고, 첫 번째 불꽃에 맞서 싸우고, 화에 굴복하지 않도록 노력하는 것이다. 화로 인해 우리가 항로에서 벗어나면 안전한 곳으로 돌아가기 어렵다. 마음에 들어온 열정에게 의지가 주권을 내어주면 이성은 한 치도 설 자리가 없어지게 되기 때문이다. 이후 화는 네가 허락하든 말든 원하는 대로 행동할 것이다."[20]

　화가 일어나는 것은 어쩔 수 없지만, 화가 우리를 통제하도록 내버려둘 것인지 아니면 우리가 화를 통제할 것인지는 전적으로 우리에게 달려 있다. 그것은 의지의 문제다. 화가 나려 할 때 최초의 싹을 억누르는 게 좋은 이유가 있다. 우리의 감정은 처음에는 모두 약하게 시작한다. 비유적으로 표현하면 첫 감정은 모두 수줍고 설득하기 쉽다. 길을 걷다가 아름다운 여성을 보고 눈길을 돌리는 상황을 상상해보자. 나의 눈길에 그녀는 상냥한 미소로 응답한다. '아, 정말 예쁘네!' 나의 가슴은 이런 생각에 두근두근 뛰기 시작할 수도 있다. 그러나 가던 길을 계속 걷다 보면 이런 생각은 옅어지고, 그녀를 금방 잊게 된다. 스토아철학자에게 이것은 자연스러운 느낌일 뿐이다. 그러나 그녀가 정말 아름답다는 생각에 집착하여 그녀의 미소를 나에 대한 호감으로 오해할 뿐만 아니라 '그녀 없이는 도저히 살 수 없어!'라고 생각한다면, 처음에는 자연스러웠던 느낌이 금방 열정으로 변화한다. 해답은 여기에 있다. 부정적 감정이 세지기 전에 잡아야 한다. "모든 감정은 처음에는 약하다. 이후 감정은 스스로 일깨우고 전진하면서 힘을 키운다. 그들을 몰아내는 것보다 들어오지 못하도록 하는 게 더 쉽다."[21]

2,000년 전의 세네카 시대나 오늘날이나 화를 다스리는 방법은 이상할 정도로 똑같다. 나는 이러한 치유책을 '거리 두기'의 심리적 전략이라고 부른다. 이 전략은 두 단계로 구성된다.

1단계: 한 걸음 물러서라. 화를 멈추거나 늦추는 가장 좋은 방법은 내가 부당한 일을 당했다는 느낌의 첫인상을 알아차리고, 잠시 멈추어 감정이 가라앉을 시간을 주고, 감정에 무조건 동의하지 않고 그것이 옳은지 그른지를 검토하는 것이다. 현대 심리학은 이를 '인지적 거리 두기'라고 한다. 그 거리는 공간적일 수도 있고 시간적일 수도 있다. 조금 전까지 서로 사랑하던 사람들이 불같은 싸움을 벌이며 분노를 키우고 있다고 생각해 보자. 자신을 통제할 수 없다고 생각하는 순간에는 그 자리를 뜨는 것이 큰 도움이 된다. 무작정 집을 나와서 하염없이 걷다 보면 화는 점차 가라앉는다. 현대사회 전체에 대해 아무런 이유 없이 화가 난다면, 종종 숲을 찾거나 자연으로 돌아가는 것만으로도 치유할 수 있다. 생각할 시간을 얻으려면 우선 공간을 확보해야 한다. 세네카는 "화가 날 때 자신의 모습을 거울로 보는 것만으로도 큰 도움을 받는다"라고 말한다. 시선을 타인에게서 자신에게로 돌리는 것도 일종의 거리 두기이다.

2단계: 생각을 재구성하라. 화가 격렬한 부정적 감정으로 전환되었다면, 이를 촉발한 잘못된 판단과 신념을 의심해야 한다. 이 의심은 최종 판단에 이르는 거리를 늘리는 '판단의 거리 두기'이다. 우리를 화나게 하는 것 중 일부는 다른 사람을 통해 들은 말이고, 일부는 우리가 직접 보고 들은 것이다. 남들이 우리에게 해주는 말을 너무 쉽게 믿어서는 안 되듯이 우리가 경험한 것에 대해서도 의심해야 한다. 분노가 폭발하기 전 마지막 단계에서 우리는 '나는 부당한 일을 당했으니 복수해야 한다'라고 판단한다. 이러한 판단을 허용하기 전에 그것이 거짓된 믿음은 아닌지 비판적으로 검토해야 한다. 이성을 사용해야 할 때다. 이때 이성을 자신에게 사용해야지 타인에게 적용해서는 안 된다. 감정이 폭발하는 말싸움을 할 때 논리를 동원하면 상대의 분노를 더 높일 수 있다. 그러나 자신에게 적용한 논리는 분노를 이긴다. 분노는 정당한 경우에도 우리를 비이성적으로 변화시킬 수 있다. 자신에게 냉정한 논리를 적용하면, 분노에 이르게 하는 잘못된 신념을 재검토하고 재구성할 수 있다.

급속도로 변화하는 현대사회에서 생각할 짬을 내는 것은 정말 어렵다. 조그만 자극에도 격렬하게 반응하는 극도로 예민한 사회, 늘 화난 것 같은 사회에서 화를 다스린다는 것은 어쩌면 불가능할지도 모른다. 멈추고 기다리는 것이 어렵기 때문이다. 그렇지만 화를 다스리지 않으면 우리의 영혼은 치유할 수 없을 정도로 타락하고 파괴된다. 화에 대한 최고의 치유책은 거리 두기다. 잠시 멈추고, 무엇이 우리를 이렇게 화나게 만드는지 곰곰이 생각해보자.

2장

다른 사람이
나보다
많이 가졌다고
화내지 말라

"가난한 사람은
너무 적게 가진 사람이 아니라
늘 더 많은 것을 원하는 사람이다."

-세네카,《윤리에 관한 서한집》, 2.6.

탐욕은
전염병과 같다

현대사회는 '화난 사회'이다. 언제 어디서 분노의 화를 입을지 모른다. 가해 대상이 분명하지 않은 범죄가 늘고 있다. 특정한 대상이 없고 구체적인 동기도 없이 저질러지는 '묻지 마 범죄'는 현대사회의 특이 현상이다. 다수를 겨냥한 칼부림과 차량 돌진과 보복성 방화처럼 무고한 대중에게 분노가 표출될 위험이 커지고 있다. 사회에 대한 불만과 피해의식은 적대적 반감을 키우고, 결국은 자신의 분노를 더 많은 사람에게 드러내는 반사회적 행위로 이어진다. 우리가 일상적으로 경험하는 분노의 악순환을 끊으려면 '묻지 마 범죄'의 사회심리적 원인을 물어야 한다.

왜 이렇게 화난 사람이 많은가? 그들을 화나게 만드는 것은 무엇인가? 세네카에 의하면 화의 근본 원인은 부당하게 대우받았다는 믿음이다. 현대인들은 무엇을 가장 부당하다고 느끼는 것일까? 무엇보다 다른 사람이 나보다 더 많이 가지고 있다는 생각이 나를 불편하게 할 뿐만 아니라 화나게 만든다. 물질적 만족을 최고의 가치로 삼는 '물질주의'는 돈만 있으면 무엇이든지 마음대로 할 수 있다는 '배금주의'와 결합하여 우리의 삶을 지배한다.

우리 사회는 돈 이외에는 어떤 가치도 숭배하지 않는 '무가치 사회'이다. 이런 분위기에서 물질적 부 이외의 가치를 추구하기란 쉽지 않다. 세네카는 그 이유를 간단하게 설명한다.

> 우리는 가까운 동료들에게서 습관을 배우기 때문이다. 어떤 질병이 신체적 접촉을 통해 전염되듯이 마음의 결함도 가장 가까운 사람들에게 전염된다. 술고래는 식탁에 있는 사람들이 희석하지 않은 진한 포도주를 좋아하게 만든다. 성적으로 방탕한 사람과 어울리면 단단하고 거친 남자조차도 여성스러워진다. 탐욕스러운 자는 자신이 감염된 병을 이웃에게 전염시킨다.[1]

이웃이 탐욕적이면 나도 역시 탐욕적이 된다. 이웃이 좋은 차를 타면 나도 좋은 차를 타고 싶고, 이웃이 해외여행을 자랑하면 나도 해외여행을 다녀오고 싶다. 내가 도덕적으로 살아가려면 나를 둘러싸고 있는 '우리'가 도덕적이어야 한다. 건강이 안 좋은 사람이 온화한 기후와 풍토를 찾듯이 마음의 힘을 얻고자 하면 더 좋은 사람들과 어울림으로써 큰 도움을 받을 수 있다. 그런데 주위에 온통 '돈, 돈' 하는 사람들뿐이라면 어떻겠는가?

탐욕의 전염병이 창궐한 현대사회에는 화와 분노가 만연했다. 탐욕은 사회적 비교를 통해 시기와 질투심을 유발하고, 사회에 대한 화와 분노를 일으킨다. 물론 시기와 질투심은 화와 마찬가지로 인간에게 자연스러운 감정이다. 더 많이 가지고 싶은 탐욕과 욕망은 2,000년 전이나 지금이나 똑같은 인간의 본성이다. 무엇이 달라졌을까? 스토아철학은 인간의 자연스러운 탐욕을 인정하면서도 우리의 삶에 이익이 되도록 이성과 덕성으로 다스리려 했다. 현대에는 시기와 질투심이 자연스러울 뿐만 아니라 오히려 장려해야 할 것으로 여겨진다. 모든 사람이 각자 자기 이익을 추구할수록 사회는 더 좋아진다는 것이다. 물론 물질적으로. 우리 사회는 경쟁의 논리로 질투심을 부추긴다.

물질적으로 좋아졌다고 윤리적으로도 좋아진 것은 아니다. 돈이 많다고 반드시 행복한 것은 아니다. 이런 사실을 모르는 사람은 없다. 많은 현대인이 물질적 압박과 무한 경쟁 때문에 수많은 정신 질환을 겪기 때문이다. 사람들은 마음의 평안을 얻으려면 더 많은 것을 원하기보다 가진 것에 만족할 줄 알아야 한다는 점도 잘 안다. 그런데도 사람들은 '안분지족安分知足'이라는 말을 들으면 화를 낸다. 편안한 마음으로 분수를 지키며 만족할 줄 알라는 말은 오히려 울화를 치밀게 한다. "자신에게 맞는 한도를 지키라고?", "나는 충분히 더 나아질 자격이 있는데, 나아질 생각을 하지 말라고?" 사람들은 안분지족이라는 말 자체가 자신에게 부당하다고 생각한다.

세네카의 지혜가 진부하게 들린다면, 우리 사회가 그만큼 탐욕으로 가득 찼다는 의미다. 그런데 세네카의 세상은 우리가 오늘날 경험하는 세상과 너무 닮았다. 세네카의 글을 읽으면 2,000년 전에 썼는데도 지금 우리가 살고 있는 세계를 정확하게 묘사하고 있는 듯하다. 세네카 시대 로마의 부유한 시민들은 소비주의를 일종의 세련된 예술로 발전시켰고, 육체적 사치와 쾌락에 푹 빠졌다. 우리가 한겨울에도 지구 반대편에서 재배한 오렌지와 아보카도를 대형 슈퍼마켓에서 살 수 있는 것처럼, 로마인들은 국제 무역을 통해 로마로 쏟아져 들어오는 희귀 상품, 음식, 사치품을 소비했다. 상류층 로마인들은 사회적 지위의 표시로 부를 과시하는 데 집착했다. 〈4차원 가족 카다시안 따라잡기〉와 같은 리얼리티 쇼가 고대 로마에도 존재했다.

탐욕의 바이러스가 사회 전체를 감염하고 물질주의가 확산한 데는 '이웃집 염탐하기', '모방하기' 그리고 '따라잡기'가 있다. 세네카는 당대의 현상을 이렇게 묘사한다.

> 다른 사람들이 사거나 다른 사람들의 집에 있다는 이유만으로 우리는 얼마나 많은 것들을 획득하는가! 우리의 문제 중 많은 부분은 우리가 이성을 지침으로 삼지 않고 유행을 따르며, 다른 사람들의 기준에 맞춰 살아간다는 사실에서 비롯된다. 단지 소수의 사람만 무언가를 한다면, 우리는 그들을 따라 하지 않을 것이다. 하지만 더 많은 사람이 그 관행을 받아들이자마자 우리도 그것을 받아들인다. 마치 무언가가 더 자주 일어난다는 이유만으로 더 명예롭게 되는 것처럼. 오해가 널리 퍼지면, 올바름이 오해로 대체된다.[2]

공화국 시절의 로마인들은 비교적 검소하게 살았다. 사치하는 경우도 있었지만, 그렇다고 자신의 수준에 맞는 수수한 삶을 깎아내리지도 않았다.

자신의 삶에 한계를 두려면 삶의 목적과 기준이 있어야 한다. 기준은 언제나 한계를 뜻한다. 더 먹고 싶어도 그만두는 게 한계고, 더 많이 가지고 싶어도 그러지 않는 것이 한계다. 내가 추구하는 삶의 가치는 이렇게 삶에 한계를 설정한다. 어떤 물건을 살 때도 그것이 왜 필요한지 사용 목적을 생각한다. 그린

데 현대인들은 단지 돈으로 살 수 있다는 이유만으로 물건을 구매한다. 누가 '내 돈 주고 내가 산 물건(내돈내산)'을 자랑하면 다른 사람들도 필요 여부와 상관없이 따라서 구매한다. 주위에서 이런 일이 수없이 반복되니 사람들은 그것이 정상이라고 생각한다.

스토아철학이 유행했던 옛 로마 시대로 시간 여행을 떠나면, 우리에게는 로마인의 삶이 별로 낯설지 않을 것이다. 부유한 사람들의 해변 빌라는 이국적인 수입 대리석으로 만들어졌으며, 바다를 품은 멋진 전망, 아름다운 모자이크 장식이 있는 우아한 욕조와 수영장, 그리고 상상할 수 있는 모든 사치품은 물질주의의 정점을 보여준다. 그들은 더운 여름철에 눈과 얼음으로 음료와 수영장을 식혔다. 호사스러운 파티에 천문학적인 돈을 썼으며, 희귀한 별미를 먹으려고 세계 곳곳에서 온갖 음식을 수입했다. 세네카는 〈헬비아에게 보내는 위로의 편지〉에서 그 광경을 생생하게 묘사한다. "그들은 먹기 위해 토하고, 토하기 위해 먹는다. 그리고 지구를 뒤져서 얻은 연회 음식을 소화할 생각조차 하지 않는다."[3] 클라우디우스 황제는 과식한 후 깃털을 사용하여 토했다고 한다.

21세기 자본주의 사회는 로마 시대의 데카당스를 재현한다. 먹방, 오지 여행, 명품은 이름만 다를 뿐 세네카 시대의 문화 현상을 반복한다. 다른 사람을 따라 하는 자본주의적 삶의 양식은 과잉과 방종을 당연한 것으로 여긴다. 악덕은 이제 미덕을 몰아내고 조롱한다. 미덕은 진부하고 악덕은 매력적이다.

> 사치스러운 사람들은 살아 있는 동안 자신의 삶에 관한 이야기가 널리 퍼지기를 원한다. 삶이 조용해지면, 그들은 노력을 낭비한다고 생각하기 때문이다. 그래서 그들은 계속해서 가십을 불러일으킨다. 많은 사람이 막대한 돈을 쓰고, 많은 사람이 애인을 두고 있다. 이 무리에서 이름을 알리려면 사치뿐만 아니라 명성도 얻어야 한다. 이렇게 분주한 도시에서는 평범한 악덕은 전혀 주목받지 못한다.[4]

절제는 구태의연하고, 무절제는 신선하다. 세네카는 이러한 가치 전도를 온몸으로 겪었다. 스토아철학은 단순하고 소박한 삶을 추구했지만, 부를 현명하게 사용하는 한 부를 축적하는 것을 거부하진 않았다. 세네카도 네로 황제의 스승으로서 정사에 관여하여 엄청난 부를 쌓았다. 그러나 세네카는 로마제국에서 가장 부유한 사람 중 하나로서 과도한 탐욕과 사치가 삶에 어떤 결과를 초래하는지 직접 경험했다. "높은 지위를 뽐내며 다니는 사람들을 보라. 그들의 번영은 금박에 불과하다. 면밀히 살펴보면 그 얇은 지위의 덮개 아래에 얼마나 많은 부패기

숨겨져 있는지 알 수 있을 것이다."[5] 물질적으로 그리고 기술적으로 크게 발전했지만 현대인도 세네카와 똑같은 윤리적 문제에 직면했다. 인간의 본성은 전혀 변하지 않았기 때문이다. 내면을 성찰하고 자신의 기준대로 사는 대신 다른 사람을 따른다면 우리는 결국 탐욕의 노예가 된다.

남과 비교하면
마음이 가난해진다

 물질적 부를 축적하는 데 몰두하는 탐욕은 동시에 우리 마음을 가난하게 만든다. 오늘날은 누구나 물질적 부를 추구한다. 우리 모두는 이익을 추구한다는 점에서 평등하다. 모든 사람이 가능한 한 많은 부를 쌓기 위해서 경쟁적으로 노력한 결과가 '풍요 사회'이다. 풍요 사회에는 물건이 흘러넘쳐서 돈만 있다면 무엇이든 가질 수 있다. 그런데 탐욕의 결과가 풍요 사회뿐인 것은 아니다. 풍요 사회는 역설적으로 새로운 빈곤을 만들어낸다. 사회가 풍요로울수록 '가진 자'와 '아무것도 가지지 못한 자'의 차이는 점점 더 벌어진다.
 세네카는 물질적 부와 재산에 자연적 한계가 있다고 전제한다. '자연에 따르는' 소박한 삶을 옹호하는 스토아철학에 따르면 자연은 생물들이 필요로 하는 것을 아낌없이 제공한다. 자연은 우리의 필요를 충족하지만, 인간의 욕망은 자연의 한계를 파괴한다.

우리는 모든 것이 이미 준비된 세상에서 태어났다. 쉬운 것을 경멸하여 일을 어렵게 만든 것은 바로 우리다. 주거, 의복, 몸을 따뜻하게 하는 수단, 음식, 그리고 사실상 지금은 거대한 사업이 된 모든 것은 그저 거기에 있었고, 누구나 무료로 가져갈 수 있었고, 손쉽게 얻을 수 있었다. 아무도 필요 이상으로 가져가지 않았기 때문이다. 이런 것들을 값비싸고 이상하게 만들고, 수많은 훌륭한 기술을 통해서만 얻을 수 있게 만든 것은 바로 우리다.⁶

돈이 세상을 지배하기 이전에는 인간이 비교적 자유로웠다. 세상은 필요한 모든 게 자연스럽게 충족된다는 점에서 풍요로웠다. 빈곤을 가져온 것은 바로 우리의 탐욕이다. 우리는 필요 이상의 것을 욕망함으로써 모든 것을 잃었다. 세네카에 의하면 탐욕을 절제할 수 있는 자연적 한계가 사라진 것이다. "한때 우리가 관찰했던 자연적 한계, 즉 우리의 욕구를 본질적이고 우리의 자원 안에 있는 것으로 제한하는 것이 사라졌다. 오늘날에는 충분한 것만을 원하면 세련되지 않고 빈곤하다고 여겨진다."[7] 오늘날 사람들은 "이것으로 충분해!"라고 말할 줄 모른다. 충분하다는 것은 모자람 없이 넉넉하다는 뜻이다. 현대인들은 늘 뭔가 모자란다고 느낀다. 마음이 가난한 것이다.

우리를 가난하게 만드는 것은 바로 탐욕이다. 탐욕에 빠지면 늘 자신을 다른 사람과 비교한다. 자신을 중심에 놓는 대신 타인과 비교하면서 살아가는 한 우리는 영원히 탐욕으로부터 해방될 수 없다. 타인에게 휘둘리는 동안 시기와 질투의 감옥에 갇혀 있기 때문이다. 어쩌면 우리는 내면에 자리 잡은 타인의 노예로 살아가는지도 모른다. 현대인이 화가 많은 이유는 사회적 비교에서 비롯된 시기와 질투심 때문이다. 스토아철학은 시기와 질투심은 인간의 가장 부정적인 감정인 분노를 부추길 뿐만 아니라 영혼을 천천히 잠식한다고 경고한다. 사회적 비교는 삶을 제로섬 게임으로 만들기 때문이다. 누군가가 나보다 더 많이 갖고 있다면, 나는 그만큼 빼앗긴 것이다.

> 아무도 다른 사람에게 손해를 입히지 않고서는 이익을 얻지 못한다. 그들은 부유한 사람을 증오하고, 가난한 사람을 멸시하며, 자기보다 더 위대한 사람을 원망하고, 자기보다 못한 사람을 괴롭힌다. 그들은 온갖 욕망에 이끌려 모든 타락에서 사소

한 즐거움을 얻고자 한다. 그것은 검투사 학교와 다를 바 없는 삶의 방식이다. 같은 사람들과 함께 살고 또 싸운다.[8]

인간은 타인과 관련하여 자신을 평가하려는 사회적 비교 경향을 타고난다. 따라서 시기와 질투심은 누구에게나 익숙한 자연스러운 감정이다. 어릴 적 학교를 같이 다닌 친구가 사회적으로 성공했을 때, 입사 동기가 먼저 승진했을 때, 이웃이 고급 승용차를 타는 것을 볼 때 조용하게 싹튼 질투심은 점차 커져 우리를 괴롭힌다. 이제는 비교 대상이 가까운 친구로 국한되지 않는다. 소셜미디어가 발달해서 모든 사람이 시기와 부러움의 대상이 된다. 빠르게 움직이는 오늘날의 경쟁적인 세상에서 이렇게 유행하는 감정은 사회적 박탈감과 분노를 촉진한다.

남을 보면 남이 부러워진다. 부러움은 타인의 좋은 일이나 물건을 보고 자기도 그런 일을 이루거나 그런 물건을 가졌으면 하고 바라는 마음이다. 타인이 가진 것이 욕망의 원인이라는 점에서 동경과 시기 그리고 질투는 모두 같다. 타인이 가진 것을 자신도 가지기 위해 노력한다면 부러움은 삶과 행위의 좋은 동기가 될 수 있다. 좋은 동기는 삶과 성격을 개선하는 데 도움이 되기 때문이다. 그러나 시기와 질투의 초점은 모두 타인이 가지고 있는 것에 맞춰진다. 기준이 자신이 아니라 타인이기에 좋은 동기가 되기 어렵다.

사람들은 종종 시기와 질투를 구별한다. 질투jealousy는 자신이 사랑하는 사람이 다른 사람에게 친밀한 모습을 보일 때 느끼는 감정이다. 사랑받아본 적이 없는 사람은 사랑받는 사람을 질투한다. 질투하는 사람은 자신이 마땅히 받아야 할 것을 경쟁자가 빼앗으려 한다고 여긴다. 질투는 타인으로 인한 '상실의 두려움'이다.

반면 시기envy는 자동차, 집, 외모, 능력, 사회적 지위처럼 자신이 원하는 것을 타인이 가지고 있다고 생각할 때 느끼는 감정이다. 시기하는 사람은 다른 사람이 잘되거나 좋은 처지에 있는 것 따위를 공연히 미워하고 깎아내린다. 시기는 '결여의 두려움'이다. 시기이든 질투이든 사회적 비교에서 오는 부정적 감정은 모두 해롭다. 독일 철학자 이마누엘 칸트가 말한 것처럼 시기심은 "타인의 행복이 자신에게 해를 끼치지 않는데도 타인의 행복을 보며 고통을 느끼는 경향"[9]이다.

다른 사람을 부러워할 때 자신의 행복에 초점을 맞춘다면, 부러움은 부해할 뿐만 아니라 오히려 자기 발전에 도움이 된다. 욕망 자체는 나쁜 게 아니다. 욕망은 우리가 바람직하다고 생각하는 것, 즉 자신을 위해 원하는 것을 얻고자 하기 때문이다. 그러나 부러워하는 것이 다른 사람의 돈, 파트너, 자동차, 직장 등과 같은 물질적인 것이면 욕망은 시기와 질투로 변질된다. 그것들은 본래 우리의 내직 행복과 무관한 것들이다. 스토아 철학은 이러한 외부적인 것들에 무관심하기를 권고한다. 그것들은 본질적으로 좋지도 나쁘지도 않기 때문이다. 돈이 많다고 행복하고 돈이 없어서 불행한 것이 아니라면 부는 성격과 행복에 영향을 미치지 못한다. 마르쿠스 아우렐리우스는 우리가 아무 관계 없는 것에 무관심해지는 법을 배우면 좋은 삶을 살 수 있다고 말한다. 우리는 돈이 있건 없건 상관 없이 도덕적으로 의미 있는 삶을 살 수 있다.

스토아철학이 말하는 '선호하는 무관심preferred indifference'은 시기와 질투를 없앨 수 있는 좋은 심리적 전략이다. 당신이 정말 좋아하는 일이 있다고 상상해보라. 오후에 한 번 카페에 가서 좋은 커피 마시기, 일주일에 한 번 포도주를 곁들여 맛있는 음식 먹기, 1년에 한 번 외국 여행 떠나기 등. 당신은 그것을 즐기고, 그런 삶에서 행복을 느끼지만 어느 날 더 이상 그렇게 살 수 없게 된다면 어떨까? 당신은 영원히 완전히 비참할까? 스토아철학의 '선호하는 무관심' 개념은 '이러한 호사를 누리는 것은 좋지만, 행복하기 위해 그것이 꼭 필요한 것은 아니다'라는 의미다. 스토아주의자들은 건강, 돈, 맛있는 음식과 같은 어떤 것들을 사람들이 '선호한다'고 믿는다. 가능하다면 그것들을 갖는 것이 좋다. 하지만 또한 그것들이 우리가 좋고 행복한 삶을 사는지를 결정하지는 않기 때문에 '무관심'한 것이 좋다.

행복에 꼭 필요하지는 않아도, 있으면 좋은 것이 있다. 건강과 부 같은 것들은 선호되고, 질병과 빈곤 같은 것들은 선호되지 않는다. 건강과 부유함을 좋아하지 않는 사람이 어디 있는가? 우리가 자신을 적절히 돌보고 가정과 사회의 의무를 수행하기 위해 건강하다면, 건강은 좋은 삶을 살 수 있는 능력을 지원하는 좋은 자원이다. 우리가 질병보다 건강을 선호하는 것은 당연하다. 그렇지만 건강은 좋은 성격을 희생해가면서 얻어야 하는 선은 아니다. 물질적 부도 마찬가지다. 돈이 있는 것이 물론 없는 것보다 낫다. 빈곤은 우리의 기본적인 생활이나 안전을 위협하기도 한다. 우리는 질병보다 건강을 선호하고 빈곤보다 부를 선호하지만, 만약 건강과 부를 통제할 수 없다면 건강과 부가 내 행복에 필수적이라고 보지 않는 게 좋다. 스토아주의자들은 "나는 좋은 것들을 즐길 수 있지만, 그것들을 잃어버려도 괜찮을 것이다"라고 말할 것이다. 가장 중요한 것은 우리가 소유한 것이나 우리에게 일어나는 일이 아니라 좋은 삶을 살고자 하는 마음이다.

행운에 자신을 맡길수록
혼란에 빠진다

노력만으로는 아무것도 할 수 없다고 믿는 사람들은 행운에 모든 것을 건다. 타고난 능력도 행운이고, 좋은 환경과 교육도 행운이고, 경쟁에서 좋은 출발선을 차지한 것도 행운이다. 능력 있고 노력만 하면 모든 것을 성취할 수 있다는 능력주의 이데올로기는 언뜻 행운이란 요소를 부정하는 듯하지만, 실제로는 모든 게 행운에 달려 있다는 믿음을 강화한다. 가진 것이 행운의 결과라고 생각하면 보다 겸손해질 수 있는데, 우리는 가진 것에 감사하기는커녕 더욱 많은 것을 바란다. 현대사회의 승자는 '나는 내 재능과 노력으로 여기에 섰다'라고 믿고, 패자는 자신의 실패가 자업자득이라고 여긴다. 승자는 오만하고 패자는 굴욕과 분노를 느끼지만, 모두 행운이 큰 역할을 한다고 확신한다. 돈 많은 것 자체가 능력이 된 타락한 세상에서 행운은 엄청난 위력을 발휘한다.

세네카는 어떤 면에서 엄청나게 운이 좋은 사람이었다. 아무나 황제의 스승이 될 수 있는 것은 아니다. 세네카는 당시 로마에서 가장 부유한 사람 중 하나이기도 했고, 황제의 탄압을 받아 하룻밤에 재산의 절반을 잃기도 했다. 행운의 롤러코스터에서 올라간 것은 종종 내려온다. '행운'과 동시에 '재산'이라는 뜻을 가진 영어 낱말 '포춘fortune'은 라틴어 '포르투나fortuna'에서 유래했다. 포르투나는 로마신화에 나오는 운명의 신이다. 행운일 수도 있고 기회일 수도 있는 포르투나는 그 자체로 좋은 것도 아니고 나쁜 것도 아니다. 운명이라는 말이 암시하듯 포르투나는 우리가 통제할 수 있는 것이 아니다.

스토아철학은 운명과 행운에 휘둘리는 것을 경계한다. 운명의 여신이 부여한 것은 진정한 의미에서 내 것이 아니고 언제든 빼앗길 수 있기 때문이다. 진정으로 좋은 나의 것은 오로지 나에게서 나온다. 운명이 어떻든, 사주팔자가 어떻게 정해졌든, 나의 삶을 스스로 살아가는 과정에서 형성된 나의 성격만이 진정으로 나의 것이다.

세네카는 행운을 오히려 삶의 적이라고 생각했다. "행운의 이점에 집착하는 사람은 필연적으로 큰 감정적 혼란에 빠진다. 안전으로 이끄는 길은 오직 하나뿐이니, 당신은 외부적인 것들을 초월하고 명예로운 것에 만족해야 한다."[10] 행운에 굴복하면 정신착란에 빠진다. 우리 사회에 대한 정확한 진단이다. 행운에 자신을 맡기는 사람은 행복할 수 없다. 세네카는 이렇게 갈무리한다. "평온함 없이는 행복이 없다. 불안에 싸인 삶은 비참한 삶이다."[11]

과도한 부는 마음을 어지럽힌다. 탐욕에 빠진 사람은 늘 긴장하고 불안해한다. 사실 우리의 몸이 요구하는 것은 정말 적고, 우리는 자연적 욕구를 충족하면서도 행복하게 살 수 있다. 왜 우리는 이렇게 분주하게 돌아다니는가? 왜 부 위에 부를 쌓으려 하는가? 세네카는 우리의 삶에는 그렇게 많은 것이 필요 없다고 말하면서 이렇게 묻는다. "우리에겐 아주 작은 것을 위한 공간밖에 없는데 그렇게 많은 것을 원하는 것은 광기이고 미친 짓 아닌가?"[12] 부와 재산을 아무리 늘리더라도 우리 몸의 수용 능력은 확대되지 않는다. 이미 가지고 있는 것이 많은데도 여전히 가난하다고 생각한다면, 마음은 결코 평온할 수 없다. "중요한 것은 마음의 부가 아니라 돈의 양이라는 생각은 얼마나 어리석은가!"[13]

과도한 부는 우리를 불안하게 만든다. 돈의 양이 많아질수록 더욱 불안해진다. 일종의 '심리적 인플레이션'이 발생한다. 세네카는 이러한 부의 논리를 꿰뚫어 보았다. "번영이라는 것은 쉴 새 없이 움직인다. 번영은 스스로 산만하게 만든다. 번영은 머리를 혼란스럽게 만들지만, 언제나 같은 방식으로 그런 것은 아니다. 그것은 사람들을 서로 다른 방향으로 이끌기 때문이다. 어떤 사람은 권력을 향해, 어떤 사람은 방종을 향해. 어떤 사람은 번영에 의해 부풀어 오르고, 어떤 사람은 무기력해지고 완전히 약해진다."¹⁴

물질적 부에 집착하면 행운의 노예가 된다. 재산은 우리가 통제할 수 없는 행운의 문제다. 우리는 능력이 있지만 운이 따르지 않아 큰 재산을 일구지 못한 사람을 주위에서 많이 본다. 부와 재산은 뜻대로 되지 않지만, 마음은 우리에게 달려 있다. 부는 오만함을 낳고, 질투와 분노를 유발하고, 정신을 혼란스럽게 만든다. 우리는 그 평판이 자신을 해칠 가능성이 있는데도 부유하다는 평판을 갈망한다. 그런데 세상에는 우리를 해치지 않는 다른 가치인 '선'도 있지 않은가? 우리의 삶에 좋은 진정한 선은 정신을 타락시키지 않고 불안을 일으키지도 않는다. 부가 뻔뻔함을 불러일으킨다면, 선은 자신감을 불러일으킨다. 부는 사치를 만들어내지만, 선은 정신의 위대함을 만들어낸다.

가난하게 생활하면서도 편안한 마음으로 도를 즐기는 '안빈낙도'를 권하는 이런 말을 들으면 짜증이 날 수도 있다. 현실을 받아들이라는 뻔하고 뻔뻔한 소리로 들리기도 한다. 이미 모든 것을 가진 듯한 사람이 이런 말을 하면 화가 난다. 여기서 중요한 것은 다른 사람이 아니라 나 자신이다. 어떤 이유에서든 나는 지금 가난하다. 본래부터 가진 게 없을 수도 있고, 가진 것을 잃어버렸을 수도 있다. 그래도 나는 행복하게 살고 싶다. 어떻게 해야 할까? 하나는 가난해도 평안히 지내는 것이고, 다른 하나는 사람의 본분을 지키는 것이다. 우리는 환경이 아무리 나쁘더라도 인간 본성에 부합하는 것은 견딜 수 있지만, 본성에 반하는 것은 견디지 못한다. "무엇이 이성적이고 비이성적인지 판단하려면 외부 사물의 가치를 판단할 뿐만 아니라, 그것들이 우리 자신의 특정 성격과 관련하여 어떤 위치에 있는지 판단해야 한다."[15] 내가 가난하다고 성격이 비뚤어진다면 어떻겠는가? 가난하더라도 온전한 성격을 유지하고자 한다면, 건강과 부 같은 외부의 재화가 나의 성격을 망가뜨리지 않도록 해야 한다.

사회가 발전해도 변하지 않는 것이 있다. 고대에도 탐욕이 있었던 것처럼 우리 마음속에는 여전히 좋은 삶을 추구하는 욕망이 있다. 탐욕에 눈이 먼 현대사회의 우리는 물론 자기 마음을 들여다보지 않는다. 내면의 선보다 외면의 부를 선호할수록 우리 마음의 병은 더욱 깊어진다. 그 이유는 간단하다. "당신이 얼마나 많은 것을 소유하고 있든, 누군가가 더 많이 가지고 있다는 사실만으로도 당신은 정확히 그가 더 많이 가진 양만큼 당신의 자원이 부족하다고 생각할 것이다. 당신은 공식 기록에서 누군가의 이름을 여러 번 읽을 때마다 질투할 것이다. 성공에 대한 열망이 여전히 너무 커서, 누군가가 당신보다 앞서 있다면 당신 뒤에는 아무도 없다고 생각할 것이다."[16] 세네카는 마치 우리 시대를 앞서 살아본 것처럼 말한다. 탐욕의 논리는 변하지 않았고, 마음의 평화를 얻으려면 평정심이 있어야 한다는 사실도 변하지 않은 것뿐이다.

자발적 가난은
마음을 부유하게 만든다

부와 탐욕에 내재한 위험은 우리가 일상생활을 즐길 수 없게 만든다. 사치스러운 생활에 깊이 빠지면 기뻐하기 어려워진다. 매일 진수성찬을 먹으면 기쁠 텐데 참 이상한 일이다. 만날 때마다 고급 호텔 식당을 고집하는 부유한 친구가 있다. 그는 인공 조미료가 들어간 음식을 먹으면 배탈 난다고 투덜대고, 신선한 재료를 썼는지 의심이 든다고 말한다. 그는 떡볶이와 어묵 같은 길거리 음식을 먹을 기회가 없을 뿐만 아니라 노포 식당의 맛깔난 음식을 즐길 줄 모른다. 단순한 것들을 즐길 수 있는 능력을 잃은 것이다. 그는 오히려 '최고'가 아닌 것을 즐길 수 없는 무능력을 자랑스러워한다.

금욕주의적이라는 우리의 편견과 달리 스토아철학자들은

삶을 즐기기를 바랐다. 스토아학파가 딱하게 생각한 사람들은, 단순하고 쉽게 얻을 수 있는 것들을 즐기는 능력을 부와 탐욕 때문에 잃어버린 사람들이다. 운명이 우리를 롤러코스터에 태운다면, 우리는 나락에 떨어질 때도 삶의 기쁨을 느낄 능력이 있어야 한다. 스토아학파는 사실 평범한 삶을 즐기는 능력, 소박한 환경에서 살 때도 즐거움의 원천을 찾는 능력을 매우 중요하게 생각했다.

단순하고 소박한 삶은 소유한 돈의 양과는 상관이 없다. 얼마만큼의 돈을 가져야 충분하다고 할 수 있는가? 돈이 너무 적다거나 너무 많다는 것은 상대적이다. 중요한 것은 돈에 대한 태도이지 양이 아니다. 2024년 기준으로 1,470억 달러(약 199조 원)의 순 자산을 보유했다고 알려진 투자가 워런 버핏은 지금도 1958년에 3만 1,500달러(약 4,300만 원)에 구입한 집에 살고 있다고 한다. 그는 종종 비싸지 않은 차를 몰고 맥도날드에 가서 패스트푸드를 사 먹는다. 세계에서 가장 부유한 사람 중 하나인 그의 생활 방식은 매우 단순해서 사치스러운 삶의 유혹에 빠지지 않는다. 반면 어떤 사람들은 갑자기 부유해지면 오만해지고 사치를 부린다. 문제는 돈이 아니라 돈에 대한 태도이다.

스토아철학은 돈과 부를 부정한 것이 아니라 단지 삶을 위해 지혜롭게 사용하기를 권했다. 그렇다면 부에 대해 바람직한 태도는 무엇인가? 세네카는 가난함과 부유함의 의미를 다시 생각해보라고 말한다. "가난한 사람은 너무 적게 가진 사람이 아니라 더 많이 원하는 사람이다."[17] 잘살기 위해서는 어느 정도의 부를 획득해야 하는가? 세네카에 따르면 우리의 목표는 빈곤으로 떨어지지 않으면서도 동시에 빈곤으로부터 너무 멀지 않은 정도의 부를 획득하는 것이어야 한다. 우리는 사치를 억제하고, 검소함을 기르고, 편견 없는 눈으로 빈곤을 바라보는 법을 배워야 한다. 지금 가진 것보다 더 많은 것을 가지려는 사람은 빈곤을 끔찍하다고 생각한다. 그러나 빈곤을 성찰하지 않는 사람은 진정한 의미에서 부유할 수 없다. 우리가 가난했어도 행복했던 옛 시절을 생각하면 지금 가지고 있는 것에 만족할 수 있다. 가진 것이 예전보다 훨씬 많아도 행복하지 않다면, 그것은 분명 마음의 문제이다.

스토아철학은 마음의 평안을 찾으려면 주기적으로 가난을 실천하는 것이 도움이 된다고 말한다. 간헐적 단식이 건강에 도움이 되는 것처럼 간헐적으로 실천하는 자발적 빈곤은 마음을 풍요롭게 만든다. 세네카에 따르면 '자발적 빈곤'은 탐욕에서 벗어날 수 있는 치유책이다. "마음을 위한 시간을 갖고 싶다면 가난하거나, 가난한 사람과 비슷해야 한다. 검소함에 관심을 가지지 않는 공부는 유익할 수 없다. 그리고 검소함은 단지 자발적인 가난일 뿐이다."[18] 자발적 빈곤은 마음의 안정을 얻을 수 있는 좋은 삶의 양식이다. 여기서 가난하다는 것은 검소하고 소박하다는 의미다. 세네카가 말하는 진정한 부자는 '충분히' 가진 사람이다. 충분히 가진 사람은 "이것으로 충분해!"라고 말할 수 있는 사람이다. 그 말은 탐욕과 소유욕에 한계를 설정한다. 따라서 부자가 되는 가장 빠른 방법은 끝없이 부를 추구하는 것을 포기하는 것이다.

자발적 빈곤을 실천하는 소박한 사람은 자신을 남과 비교하지 않고 자신의 가치와 신념대로 산다. 끊임없이 남과 비교하고 타인의 기준으로 살아가는 사람은 "이것으로 충분해!"라고 말하지 못한다. 소박한 사람은 자신이 가진 것에 기뻐할 줄 아는 사람이다. "다른 사람의 더 큰 행복 때문에 괴로워하는 사람들은 결코 스스로 행복할 수 없다."[19] 내가 기대한 것보다 적게 받았다고 생각하면, 내가 너무 많이 바란 것이다. 내가 가진 것보다 다른 사람이 가진 것에 주목하면, 나는 언제나 빈곤한 것이다. 세네카는 사회적 비교를 통해 일어나는 화를 두려워해야 한다고 경고한다. 왜냐하면 사회적 비교에서 생겨난 분노는 가장 파괴적이기 때문이다.

그럼 우리가 스토아철학에 따라 부를 추구하지 않음에도 부유해졌다면 어떻게 해야 할까? 스토아철학이 부를 거부하지 않는다는 것은 분명하다. 스토아철학은 오히려 부를 즐기고, 자신과 주변 사람들의 이익을 위해 의미 있게 사용하고 권유한다. 부는 분별 있게 즐겨야 한다. 우리는 부의 향유가 우리 성격을 해치고, 삶을 즐길 수 있는 능력을 훼손할 수 있다는 점을 알아야 한다. 세네카는 우리의 마음이 얼마나 확고한지 시험하는 방법으로 자발적 빈곤을 제안한다. "아주 적거나 가장 싼 음식, 거칠고 불편한 옷으로 만족할 수 있는 며칠을 정하고, '이게 내가 두려워했던 것인가?'라고 자신에게 물어보라."[20] 주기적으로 실천하는 자발적 빈곤은 마음이 탐욕에 흔들리지 않게 만든다.

자발적 빈곤의 효과는 자유다. 세네카는 루킬리우스에게 이렇게 설명한다. "사나흘, 때로는 그 이상을 참아보십시오. 그러면 그것은 게임이 아니라 진짜 시험이 될 것입니다. 나를 믿어보시오, 루킬리우스. 몇 푼으로 배불리 먹는 게 신나는 일이 될 것입니다. 그리고 행운의 도움 없이도 불안으로부터 자유로워질 수 있다는 걸 알게 될 것입니다. 행운이 불리할 때조차도 행운은 우리의 필요를 충분히 충족할 것이기 때문입니다."[21] 나도 종종 간헐적 단식을 한다. 아무것도 먹지 않고 몇 끼를 건너뛰는 것은 정말 시험이다. 단식할 때 배에서 나는 꼬르륵 소리는 평소 배고프기도 전에 얼마나 자주 배를 채웠는가를 깨닫게 한다. 단식 후에 먹는 소박한 음식은 그 어떤 진수성찬보다 맛있다.

스토아철학의 '자발적 빈곤'도 마찬가지다. 부유한데도 자발적으로 단순하고 소박하게 살면 개인적 관심사를 추구할 수 있는 더 큰 자유가 생긴다. 단순하게 살면 돈도 들지 않고, 일할 시간을 줄여 더 많은 자유 시간을 얻을 수 있기 때문이다. 사실 자연의 요구를 충족하는 데는 조금만 있으면 된다. 옷장을 보면 우리가 입지 않는 옷이 얼마나 많은지 알게 된다. 옷이 많으면 선택도 어려워진다. 세네카는 "비용을 늘리는 것은 육체적 배고픔이 아니라 열망"[22]이라고 말한다. 자연적 한도를 지키면 세상에는 화를 낼 일도 없다. 분수는 자발적으로 지킬 수 있어야 한다.

유배를 떠나는 아들을 보고 슬픔에 잠긴 한 어머니에게 보낸 위로 편지에서 세네카는 이렇게 말한다. "자연이 정한 경계 안에 자신을 유지하는 사람은 가난을 느끼지 않을 것이고, 그 경계를 넘어서는 사람은 가장 큰 부 속에서도 가난에 쫓길 것입니다. 망명지조차도 필수품은 충분하지만, 왕국조차도 사치품은 충분하지 않습니다. 우리를 부유하게 만드는 것은 마음입니다."[23] 마음은 왕국에서 유배지로 따라오고, 부유할 때나 가난할 때도 똑같다. 만약 이미 가지고 있는 것에 만족하고 기쁨을 느낀다면 어디에서나 자유로울 것이다. 최악의 빈곤은 부유한 가운데서도 가난하다고 느끼는 마음이라면, 최고의 부는 한결같은 마음에서 느끼는 자유다.

3장

앙갚음하려 하면 자신도 위험해진다

"자신이 멸시당했다고 판단하는 사람은
멸시하는 사람보다 열등하다.
위대한 정신을 가지고
자신의 가치를 진정으로 판단하는 사람은
상처를 입었다고 복수하지 않는다.
왜냐하면 그는 그것을 느끼지 않기 때문이다."

-세네카, 《화에 대하여》, III.5.7.

화는
복수를 원한다

화는 자신이 부당한 일을 당했다고 생각할 때 자연스럽게 나타나는 감정적 반응이다. 그러한 믿음이 없으면 화가 나지 않는다. 설령 발이 밟혔어도, 상대가 일부러 그런 것이 아니란 사실을 알면 짜증스럽기는 하지만 화로 발전하지 않는다. 화라는 감정이 폭발하려면 부당한 대우를 받았다는 생각과 연결되어야 한다. 아주 짧은 순간이지만, 모욕당하고 부당하게 대우받았다는 '짧은 생각'이 화를 치밀게 한다.

　세네카는 우리 안의 화를 다스리려면 단순한 부정적 감정이 공격적인 감정으로 바뀌는 순간을 잘 보라고 말한다. 무언가가 나에게 부당한 위해를 가한다고 느끼는 순간 몸이 반응한다. 얼굴이 찌푸려지고, 깊은 한숨이 나오고, 가슴은 뛰고, 눈초리는 날카로워진다. 이러한 최초의 반응이 화로 폭발하려면 무언가가 더 있어야 한다. "화는 그저 '일어나는' 것이 아니라 공격적이어야 한다. 화는 무언가를 뒤쫓는 일종의 추구이다. 어떤 추구도 마음의 동의 없이는 일어나지 않으며, 마음이 전혀 모르는 상태에서 복수와 보상을 위해 행동할 수 없다."[1] 화는 복수를 원하는 공격적인 감정이다.

길거리에서 일어나는 싸움 장면을 상상해보라. 현대인들은 운전하면서 화를 많이 낸다. 나는 평상시에는 매우 점잖은 교수가 운전하는 차를 탄 적이 있었다. 앞차가 너무 천천히 가서 이미 투덜거리고 있었던 교수는, 다른 차가 깜빡이도 켜지 않고 갑자기 끼어들자 욕설을 퍼붓기 시작했다. 점잖은 입에서 쌍소리가 쏟아져 나와 나는 적잖게 놀랐다. 문제는 욕설로 끝나지 않았다는 것이다. 그 교수는 갑자기 속도를 높이더니 끼어든 차를 추월하여 똑같은 방식으로 앞쪽으로 끼어들었다. 자신에게 피해를 줬다고 생각한 상대방에게 앙갚음하기 위하여 보복 운전을 한 것이다. 상대방의 운전이 실수인지 미숙함 때문인지, 아니면 고의인지는 모르지만, 화로 인해 보복 운전을 한 것은 분명하다.

우리에게 상처를 주는 외부의 자극은 많다. 다른 사람들과 함께 살아가는 세상에서 마음을 철렁거리게 만드는 일은 수도 없다. 그렇지만 마음이 동요한다고 모두 화를 내지는 않는다.

화가 폭발하려면 부당한 대우를 받았다는 믿음과 보복해야 한다는 욕망이 결합해야 한다.

위해를 당했다는 인상을 받아들일 뿐만 아니라 그것을 인정할 때 이어지는 의도적인 움직임이 바로 화다. 이렇게 일어난 마음은 복수라는 목표를 향해 기꺼이, 그리고 의도적으로 돌진한다. 두려움에는 도피하려는 충동이 따르고, 화에는 목표를 추구하려는 충동이 수반된다는 것은 의심의 여지가 없다.[2]

세네카는 화란 "고통에 대해 고통을 되돌려주고자 하는 강한 욕망"[3]이란 아리스토텔레스의 정의를 받아들인다. 아리스토텔레스가 《수사학》에서 제시한 분노에 대한 정의는 여전히 타당하다. 아리스토텔레스에 따르면 화는 "정당한 이유 없이 자신이나 자신의 것을 무시하는 상상의 무시에 대해 상상의 보복을 바라는 고통스러운 욕망"[4]이다. 화를 촉발하는 것은 내가 부당하게 무시당했다는 감정이다. 흥미로운 점은 아리스토텔레스가 두 번이나 '상상'이라는 단어를 사용했다는 사실이다. 내가 실제로 무시당했는지, 그것도 부당하게 무시당했는지는 중요하지 않다. 내가 그렇게 믿으면 그것으로 충분하다. 화와 관련하여 중요한 것은 화난 사람이 주관적 관점으로 상황을 보는 방식이지, 실제 상황이 아니다. 실제 상황은 물론 다를 수 있다.

화의 핵심은 복수하려는 욕망이다. 복수할 능력이 실제로 있는지 없는지는 중요하지 않다. 세네카는 화의 상대가 아무리 높은 사람일지라도 보복할 꿈도 못 꿀 만큼 약한 사람은 없다고 말한다. "우리 모두는 해를 끼치는 데 매우 유능하기"[5] 때문이다. 인간은 아무리 약하더라도 상대방에게 해를 입힐 수 있다. 복수에 대한 욕망은 인간의 본성이다. 복수하고 싶은데 실제로 할 수 없을 때는 더 화가 난다. 직장에서 까닭 없이 상사의 질책을 받거나 부당한 화풀이 대상이 되었을 경우를 상상해보라. 속으로는 화가 치밀어 올라 보복을 상상하지만 실제로 앙갚음할 수 있는 길이 없다. 실행하지 못한 복수의 욕망은 영혼을 더욱 부패시킬지도 모른다. 참았던 화는 엉뚱한 희생양을 찾는다. 이렇게 화병이 난다.

아리스토텔레스에 따르면 화는 다섯 가지 요소를 포함한다. 첫째, 멸시하거나 무시하는 행위, 둘째, 멸시당한 나 자신과 나와 가까운 사람들, 셋째, 부당하거나 부적절한 행위, 넷째, 수반되는 고통, 다섯째, 보복에 대한 욕망.

화는 정말 복잡한 감정이다. 우리는 부당한 대우를 받을 때 고통을 느끼고, 고통을 고통으로 되돌려주는 보복에는 어느 정도 기쁨이 포함된다고 생각한다. 그러나 화를 낼 때 쾌락을 느끼는 사람은 없다. 화에 대한 보복은 또 다른 고통을 불러온다. 그렇다면 다른 사람의 잘못된 행동이 어떻게 우리에게 고통을 일으키는 것일까? 소중히 여기는 어떤 것이 손상되었을 때 우리는 고통을 느낀다. 소중히 여기는 것은 사람마다 다르다. 따라서 화를 내는 기준도 다르다. 분명한 것은 우리가 부당한 피해를 당했다고 생각할 때만 화를 낸다는 사실이다.

화가 보복에 대한 열망이라면, 화를 다스리는 제일 좋은 방법은 복수하려는 욕망을 죽이는 것이다. 우리는 복수가 어떻게 든 고통을 달래거나 피해를 복구한다고 여긴다. 복수가 정의라고 생각한다. 우리는 흉악한 범죄자가 충분한 처벌을 받지 않고 길거리를 마구 돌아다닌다고 생각하면 화가 난다. 다른 사람에게 고통을 입힌 사람이 그만큼의 고통을 받는 것이 정의라고 생각한다. 그러나 범죄자에게 보복한다고 해서 죽은 사람이 살아나는 것도 아니고, 부러진 팔다리가 낫는 것도 아니다. 성적 학대가 없던 일이 되지도 않는다. 그런데 왜 사람들은 그렇다고 믿고, 또 그래야 한다고 생각하는 것일까? 화는 부당한 대우에 대한 정당한 감정적 대응인가?

우리는 가까운 사람이 멸시나 증오, 폭력이나 강간 같은 부당한 행위를 통해 상처받으면 두 가지 방식으로 대응한다. 하나는 부당한 대우를 당한 사람에 대한 공감과 배려다. 우리가 소중하게 여기는 것이 부당하게 훼손되었다고 생각하면서, 피해를 줄이려고 노력할 수 있다. 다른 하나는 부당한 행위에 초점을 맞춰서 그런 일이 다시 일어나지 않도록 보복하는 것이다. 우리는 이 두 가지 대응 방식을 부당한 대우를 받은 당사자가 자신일 때도 적용할 수 있다. 하나는 고통을 고통으로 앙갚음하는 보복이고, 다른 하나는 부당한 대우와 그에 대한 분노 때문에 자신의 영혼이 상처받지 않도록 염려하는 것이다.

스토아철학은 보복보다는 영혼의 안정에 신경을 쓴다. 부당한 대우도 영혼을 흔들어놓지만, 보복을 추구하는 화는 영혼을 더욱 병들게 할 수 있다.

> 인간의 정신 상태가 왜곡되지 않았을 때, 무엇이 그보다 더 온화하겠는가? 반면에 화보다 더 잔인한 것은 무엇일까? 타인을 더 사랑하는 경향이 인간보다 더 강한 존재는 무엇인가? 인간은 서로 도움을 주고받기 위해 태어났다. 화는 서로를 파괴하기 위해 태어난다. 인간은 화합을 원하고, 화는 분리를 원한다. 인간은 이롭게 되기를 원하고, 화는 해가 되기를 원한다. 인간은 낯선 사람까지 돕고자 하고, 화는 가장 가깝고 가장 소중한 사람조차 공격하고 싶어 한다. 인간은 다른 사람의 이익을 위해 기꺼이 자신을 희생할 준비가 되어 있다. 화는 다른 사람을 끌어내릴 수만 있다면 기꺼이 위험에 빠질 준비가 되어 있다.[6]

여기서 인간의 본성이 선한지 악한지는 중요하지 않다. 화를 낸다고 악한 사람이고, 화내지 않는다고 착한 사람인 것도 아니다. 화를 낼 만한 상황에 화내는 것은 당연하다. 중요한 것은, 보복하려는 욕망에 불타면 결국 자신도 위험에 빠진다는 점이다. 화를 내더라도 자신의 마음이 망가지지 않을 정도로 화를 내야 한다. 화를 내고 보복하면 고통이 완화되지도 않고, 결국 자신의 영혼만 망가진다.

좋은 분노는
없다

오늘날 우리는 화를 표출할 줄 알아야 화를 다스릴 수 있다고 믿는다. 소셜미디어에서 모든 분노를 터뜨리는 것이 유행인 시대에 사는 우리는 세네카의 말에 충격을 받을지도 모른다. 극도의 분노는 어떤 이유로도 정당화할 수 없다. 극도의 분노에서는 어떤 좋은 결과도 나오지 않기 때문이다. 분노는 어떤 이유에서도 좋지 않다. 우리는 이 말에 쉽게 수긍하지 못한다. 화를 내야 할 때 제대로 화내지 못하면, 내면에 쌓인 울화가 우리의 성격을 비뚤어지게 만든다.

모욕을 당하면 화를 내야 하고, 불의를 보면 분노할 줄 알아야 한다. 이것이 상식이다. 분노하는 능력을 상실한 자는 자신을 노예로 만든다. 16세기 프랑스 철학자 에티엔 드 라 보에시는 '자발적 복종'이라는 개념으로 분노와 자유의 필연적 관계를 잘 설명한다.[7] 우리의 소중한 재산을 약탈당하고, 가족과 친구가 폭행당하고, 모멸감을 느낄 정도로 인격이 모욕당하는데 가만히 쳐다보고만 있을 수는 없지 않은가. 자발적 복종은 자신을 속박한 굴레를 더욱 잡아당겨 독재자가 더 강하고 가혹하게 군림할 수 있도록 자신을 약자로 만든다. 이러한 속박에서 벗어나려면 분노하고 저항할 줄 알아야 한다.

그러나 세네카는 분노가 결코 좋은 자극제가 아니라고 강조한다. 분노는 폭력에 맞서 자유를 되찾을 힘을 주기도 하고, 가장 무기력한 사람을 일으켜 세워 위험을 무릅쓰고 전쟁에 나서게 하는 것처럼 보이기도 한다. "분노, 술 취함, 두려움 같은 것들은 더럽고 쓸모없는 자극제이다. 그것들은 미덕에 어떤 도구도 제공하지 않는다. 미덕은 악덕이 줄 수 있는 어떤 것도 필요로 하지 않는다. 그것들은 무기력하고 비굴한 마음에 약간의 활력을 줄 뿐이다."[8] 술을 마시지 않은 맨정신으로는 단 한 번도 용기를 낼 수 없는 사람에게 술 취함이 진정한 용기가 아닌 것처럼, 화를 내지 않고서는 불의에 맞설 수 없는 사람이 화를 통해 더 용감해지지는 않는다.

세네카에게 화는 최고의 악덕이다. 우리의 영혼을 가장 격렬하게 망가뜨리기 때문이다. 평상시 온화하고 다정다감한 사람이 가끔 격정적으로 화를 낸다고 너 멋있어 보이는 것은 아니다. 화를 내면 마음이 오히려 차분해지는 경우가 있다고 해서 화 자체를 좋은 것으로 여겨서는 안 된다. 세네카가 말하는 것처럼 건강을 찾기 위해 질병의 힘을 빌려야 한다면 결코 좋은 치료법이 아니다. 한두 가지 작은 병이 있어야 오히려 건강하게 오래 산다는 말은 병이 건강에 관심을 가지도록 만든다는 것이지 병이 건강을 증진한다는 의미는 아니다. 분노에서 굳이 유익한 점을 찾자면, 그것이 영혼의 건강을 생각하게 만든다는 것이다.

화는 복수에 대한 욕망이지만, 사실 복수에도 도움이 되지 않는다. 세네카는 부당한 일을 당했을 때 복수하는 것은 자연스럽다고 말한다. 아버지가 살해당하는 순간이라면 아버지를 지키기 위해 최선을 다하고, 아버지가 이미 살해당했다면 복수하는 게 당연하다. 단지 분노가 복수의 수단이 되어서는 안 된다. 과도한 분노는 이성적 행동을 방해하기 때문이다. 충동에 휘둘리거나 격분하지 않아야 심사숙고해서 신중하게 행동할 수 있다.

> 어떤 열정도 분노보다 더 열렬하게 복수를 바라지 않으며, 바로 그 때문에 분노는 복수하기에 적합하지 않다. 사실 모든 욕망이 그러하듯 화는 너무 성급하고 어리석어서 목표를 향해 서

두르다 보면 스스로 방해가 된다. 바로 그런 이유로 화는 평화에도 전쟁에도 도움이 되지 않는다.[9]

이상하게 들릴지 모르지만, 화를 낼 때 우리는 '좀 신중하게' 화내야 한다. 화는 너무나 조급해서 오히려 화내는 사람을 위험에 빠뜨리기 때문이다. 그렇다면 어떻게 화를 내야 할까? 세네카가 의지하는 아리스토텔레스의 말이 도움이 된다. "응당 화낼 만한 일에 화내어 마땅한 사람에게 화내는 사람은, 더 나아가 알맞은 방식으로, 적절한 시기에, 적당한 시간 동안 화를 내는 사람은 좋은 평가를 받는다."[10] 누구나 화를 낸다. 그것은 쉬운 일이다. 화날 때 화내는 것은 어려운 일이 아니다. 하지만 화라는 부정적 감정은 언제나 악화하는 경향이 있어서 적절하게 화를 내는 건 쉽지 않다.

아리스토텔레스는 두 악덕, 즉 지나침에 따른 악덕과 모자람에 따른 악덕 사이의 중용이 이성적이라고 말한다. 우리의 성격은 감정에 기반하고 있는 까닭에 감정의 균형과 중용을 잘 잡아야 한다. 화의 감정과 관련한 중용은 어떤가? 이 방면에서 모자람은 '화낼 줄 모름'이다. 마땅히 화내야 할 일에 대해 화내지 않는 사람은 어리석은 사람이다. 어떤 사람에게 "사람이 마냥 좋기만 해서 화낼 줄 몰라!"라고 말하면, 그것은 욕이다. 자신이 당한 고통을 느끼지 못하고, 모욕이 모욕인 줄도 모르고,

화를 내지 못함으로써 자기 자신을 방어할 줄도 모르는 사람을 '좋은 사람'이라고 말할 수는 없다. 이와 관련하여 지나침은 두말할 나위도 없이 '화를 잘 내는 것'이다. 성마른 사람들은 참을성이 없고 성질이 조급하여 조그만 일에도 쉽게 화를 낸다.

아리스토텔레스에 따르면 '화낼 줄 모름'과 '화를 잘 냄' 사이의 중용은 온화함이다. 성격과 태도가 온순하고 부드럽다고 해서 화를 내지 않는 것은 아니다. 온화한 사람은 단지 감정에 휘둘리거나 동요하지 않으며, 이성적으로 적절하게 화를 낸다. 물론 "어떤 일에서, 누구에게, 어떤 방식으로, 어느 정도의 시간을 들여 화내야 하는지를 정하는 건 쉽지 않다."[11] 중요한 것은 적절하게 하는 것이다. 화의 대상, 정도, 시기, 목표와 방식 모두 적절해야 한다. 그렇지 않으면 속담처럼 종로에서 뺨 맞고 한강에서 화풀이할 수 있다. 화의 격정에 휩싸이면 원인 제공자에게 직접 항의하지 못하고 엉뚱한 사람에게 화를 낸다.

우리는 화를 참는 게 어렵다는 점을 인정해야 한다. 화는 우리를 갑자기 엄습한다. 사람들은 화를 참는 게 낫다고 말하지만, 작은 화도 쌓이면 언젠가 폭발적으로 방출된다. 화가 날 때는 화를 내야 한다. 세네카는 여기서 '적절하게'를 강조한다. 화를 소화할 수 있도록 누그러뜨리려면 '좋은 화'는 없다는 것을 알아야 한다. 작은 화도 억누르기만 하면 언젠가 자제력을 잃고 큰 화가 되지만, 사사건건 화를 잘 내는 사람은 자제력을 상실하게 된다. 자제력 없는 사람은 자신이 하는 행위가 나쁘다는 것을 알면서도 감정에 휩쓸려 좋지 못한 일을 한다. 화를 내는 게 나쁘다는 사실을 알면서도 모든 일에 대해 격렬하게 화내는 사람은 자제력이 없는 사람이다. 자제력 있는 사람은 화를 내긴 하지만 적절하게 멈출 줄도 안다.

무시하는 사람을
무시하라

우리는 무시당했다고 느낄 때 가장 많이 화가 난다. 사람들이 평온을 얻고 유지하는 데 가장 방해가 되는 것이 바로 다른 사람의 무시와 모욕이다. 상대가 갑자기 머리를 툭 치거나 침을 뱉는 것만이 모욕과 멸시의 행위가 아니다. 나에게 인사하지 않거나 눈길조차 주지 않음으로써 나를 없는 사람처럼 대할 때도 심한 모욕감을 느낀다. 신체적 폭력이 아닌 모욕도 매우 고통스러울 수 있다. 상사나 교사처럼 권위 있는 사람이 나를 공개적으로 꾸중하면 분노와 굴욕감이 커질 가능성이 크다. 모욕과 멸시를 당하면 이후에도 오랫동안 고통을 유발할 수 있다.

로마의 소크라테스로 불린 네로 시대의 스토아철학자 가이우스 무소니우스 루푸스는 시선만으로도 모욕을 느낄 수 있다고 말한다. "사람들은 단지 남이 쳐다보는 것만으로도 모욕적인 감정을 느낄 수 있다. 그런 시선은 참을 수 없고, 어떻게든 그 눈빛 때문에 자제력을 잃는다."[12] 상당한 시간이 지났음에도 불구하고 모욕과 무시의 눈빛을 떠올리는 것만으로도 우리는 다시 분노에 휩싸이는 자신을 발견하게 된다. 사람들은 이처럼 모욕에 지나치게 민감하게 반응하는 경향이 있다. 자신을 깔보거나 업신여기는 모욕과 멸시는 언제나 화의 주된 원인이다.

모욕과 멸시는 우리의 평정심을 깨뜨리는 힘이 있다. 이를 알고 싶다면, 일상생활에서 우리를 화나게 하는 일들을 살펴보면 된다. 어떤 사람들은 자신의 성격이 직선적이어서 거짓으로 꾸미지 못한다면서 다른 사람의 외모와 성격을 건드린다. "이 돌대가리야, 이렇게 쉬운 일도 제대로 못하니?", "머리는 장식이냐?" 이런 사람들은 공공연하게 직접적으로 상대를 모욕한다. 하지만 우리가 일상에서 당하는 많은 모욕은 미묘하고 간접적이다. 어떤 이들은 우리가 받아 마땅하다고 생각하는 존중을 표하지 않음으로써 우리를 모욕할 수도 있다. 이러한 것들은 우리의 하루를 망칠 수 있다. 개인의 권리에 민감한 현대인만 모욕과 무시에 민감한 것은 아니다. 세네카는 모욕과 무시의 많은 예를 언급한다. 의도적으로 대화를 거부하거나 웃어넘기는 것도 무시하는 것이고, 나에게 적합한 자리를 내주지 않고 말석에 앉히는 것도 모욕이다.

다른 사람의 말과 행위에 신경을 쓰다 보면 모욕감을 느끼지 않고 지나가는 날이 하루도 없을 것이다. 모욕과 무시는 분명 우리의 마음을 어지럽힌다. 모욕당하고 무시당하면 화가 난다. 스토아학파는 모욕으로 인해 화나는 것을 예방하는 전략을 제공한다. 화는 모욕에 모욕으로 앙갚음하고자 하는 부정적 감정이다. 다른 사람이 내게 욕을 하면 나는 더 센 욕으로 갚아주고 싶은 욕망을 불러일으킨다.

모욕과 무시를 일삼는 다른 사람의 성격을 고칠 수 없다면 내가 모욕과 무시로 상처받지 않도록 해야 한다. 그러한 전략 중 하나는 모욕당했을 때 화부터 내지 말고 잠시 멈춰서 모욕한 사람의 말이 사실인지 생각해보는 것이다. 어떤 사람이 실제로 대머리인 사람에게 대머리라고 비웃는다면 이렇게 자문해야 한다. 자명한 사실을 말하는 게 왜 모욕적인가? 대머리라고 놀리는 것이 나에게 모욕적으로 느껴진다면, 나도 스스로 그렇게 생각하기 때문일지도 모른다.

우리는 모욕적인 말과 행위에서 상처를 주는 침을 제거할 필요가 있다. 모욕에 상처받지 않으려면 모욕의 출처를 고려할 필요가 있다. 같은 말이라도 누가 했느냐에 따라 상처가 되기도 하고 그렇지 않기도 한다. 나를 진심으로 아끼는 선생이라면 나의 약점과 부족한 점을 지적하고 고쳐줄 수 있어야 한다. 좋은 말만 하는 선생은 결코 좋은 스승이 아니다. 내가 그를 존중하고 존경한다면, 나는 그의 의견을 높이 평가한다. 그가 나에게 비판적인 말을 한다고 해서 나를 화나게 만들지는 않는다. 내가 등록금을 내는 것은 어떤 면에서는 나를 엄격하게 비판하라고 주문하는 것이다. 이런 상황에서 선생의 비판에 상처받아 화를 내는 것은 어리석은 일이다.

내가 존중하고 존경하는 사람의 말이 나에게 상처를 주지 않는다면, 내가 존중하지 않거나 심지어 경멸할 만한 사람으로 여기는 사람이 모욕하는 경우는 어떤가? 내가 거리를 지나갈 때 술 취한 불량배가 나에게 욕한다고 해서 모욕감을 느끼고 맞서 욕을 해댈 것인가? 내가 하는 일이 의심할 여지 없이 옳은데도 어떤 사람이 반대한다고 모욕감을 느낄 필요도 없다. "당신이 나에 대해 그렇게 느낀다고 해도 상관 없어요." 이렇게 말하는 게 낫지 않을까. 세네카는 우리를 모욕하는 사람들은 마치 '제멋대로 자란 성인 아이'와 같다고 말한다. 엄마가 어린아이의 모욕에 화내는 것이 어리석은 것과 마찬가지로 어린아이 같은 어른들의 모욕에 화내는 것은 어리석은 일이다.

내가 인정하지 않는 사람에게 비난받는 것은 모욕이 아니다. 물론 기분이 나쁠 수는 있다. 그렇다고 모욕을 모욕으로 앙갚음하는 것은 어리석은 일이다. 마르쿠스 아우렐리우스는 모욕에 대한 스토아철학의 입장을 잘 대변한다.

누군가가 나를 경멸한다면, 그것은 그 사람이 알아서 할 일이다. 내가 할 일은 경멸받을 만한 말과 행동을 하지 않는 것이다. 누군가가 나를 싫어한다면, 그것 역시 그 사람의 일이다. 내가 할 일은 모든 사람을 친절과 호의로 대하고, 특히 내게 잘못한 사람에게는 나무라거나 내가 참고 있다는 것을 과시하지 말고 점잖고 신사다운 태도로 지적해주는 것이다.[13]

스토아철학은 다른 사람의 생각과 행동보다는 자기 생각과 행동에 주의를 기울이라고 권한다. 모욕에 따른 모든 상처의 근원은 바로 우리 자신이다. 마르쿠스 아우렐리우스는 우리를 화나게 만드는 것은 바로 우리의 생각이라고 말한다. "우리를 괴롭게 하는 것은 타인의 행동 그 자체가 아니다. 사람들의 행동은 그들의 지배적 이성에서 비롯되기 때문이다. 우리를 괴롭히는 건 사실 타인의 행동에 대한 우리의 생각이다. 따라서 스스로를 옭아매는 생각을 멈추고 타인의 행동이 나를 괴롭힌다는 판단을 거두어라. 그러면 화는 사그라질 것이다."[14] 에픽테토스는 모욕감을 느낄 때마다 다음의 사실을 기억하라고 말한다. "당신을 모욕하는 것은 당신을 학대하거나 때리는 사람이 아니라, 그 사람들이 당신을 모욕한다는 당신의 판단이다."[15] 모든 게 우리의 생각에 달려 있다. "당신이 원하지 않는 한 아무도 당신에게 해를 끼치지 않을 것이다. 당신이 해를 입었다고 생각할 때만 당신은 해를 입게 될 것이다."[16]

에픽테토스는 오늘날에도 문제 되는 흥미로운 사례를 말해준다. 어떤 것이 적절한 행동인가는 우리의 사회적 관계에 따라 판단된다. 예컨대 모욕 주는 사람이 바로 나의 아버지이다. 나는 그를 돌보고, 모든 일에서 그에게 양보하고, 그가 나를 꾸중하거나 때려도 참아야 한다. 우리는 이렇게 항변할 수 있다. "하지만 그는 나쁜 아버지잖아요?" 에픽테토스는 반문한다. 그렇다면 자연의 유대감이 당신을 좋은 아버지에게만 묶어두는 것일까? 그가 당신의 아버지라는 사실은 변하지 않는다. 스토아철학의 처방은 간단하다. 그가 무엇을 하는지 보지 말고, 자연과 조화를 이루기 위해 당신이 해야 할 일이 무엇인가를 생각하라. 그의 행동이 반자연적일 정도로 폭력적이라면 연을 끊을 수밖에 없을지도 모른다. 그렇지 않다면 그의 행동 하나하나에 모욕감을 느끼고 화내는 대신 내가 해야 할 일에 집중하는 편이 좋다. "사람들을 속상하게 만드는 것은 일 자체가 아니라 일에 대한 판단이다."[17]

모욕에 대처하는 가장 좋은 방법은 어떤 모욕에도 상처받지 않을 마음을 키우는 것이다. 욕하는 사람에게 똑같이 욕하는 것은 모욕에 대한 최선의 대응이 아니다. 마르쿠스 아우렐리우스는 "최고의 복수는 네 적과 같이 되지 않는 것"[18]이라고 말한다. 상대가 한 것과 똑같이 하지 않는 것이 가장 좋은 복수이다. 상대가 욕을 하면 더욱 점잖게 말하라. 상대가 큰소리로 윽박지르면 더욱 목소리를 낮춰 조곤조곤 따져라. 이런 상황에서 더 상처받는 것은 바로 모욕하는 사람이다. 세네카의 비유에 따르면 이는 창을 던졌을 때 단단한 표면이나 물체에 맞으면 튕겨 나와서 오히려 던진 사람에게 타격을 주는 것과 같다. 자신이 무시당했다고 생각하지 않는 사람은 무시하는 사람보다 강한 것이다. "잘못된 행위는 경멸할 가치조차 없다고 여기는 것이 위대한 정신의 표식이다. 가해자를 복수할 가치도 없다고 보는 것이 복수 중에 가장 모욕적인 복수이다."[19]

 사람들은 흔히 복수하려다가 오히려 처음의 사소한 상처를 더욱 크게 키워 가슴 깊이 새기는 경우가 있다. 복수하는 것보다는, 개가 아무리 짖어도 관심도 없는 맹수처럼 강하고 위대한 마음을 키우는 게 더 좋다. 우리를 무시하는 사람을 오히려 무시할 줄 알아야 한다. 역설적으로 이것이 가장 효과적인 대응 중 하나다.

4장

역경을 길들이는 법:
통제할 수 있는 것에 집중하라

"재난에 대비하지 않으면 우리에게 더 큰 영향을 미친다. 충격은 타격을 더 강화한다. 손실에 놀라움이 더해지면 죽을 수밖에 없는 우리 인간은 더 깊이 슬퍼하지 않을 수 없다. 따라서 우리는 대비해야 한다. 모든 것을 예상하고, 보통 일어나는 일뿐만 아니라 일어날 수 있는 일도 고려해야 한다."

-세네카, 《윤리에 관한 서한집》, 91.3-4.

재난은
착한 사람에게도 찾아온다

인간은 모욕당할 때만 화를 내는 것이 아니다. 전혀 예견하지 못한 재난이 불시에 찾아올 때도 화가 난다. 왜 나에게 이런 일이 일어나는가? 내가 무슨 잘못을 저질렀다고 뜻하지 않은 불행이 거듭되는 것인가? 우리 인간은 언제나 역경을 겪는다. 모든 일이 순조롭게 풀리면 좋겠지만, 세상사는 우리 뜻대로 되지 않는다. 언제든 일이 순조롭지 않아 매우 어려운 처시나 환경에 처할 수 있다. 역경逆境은 일이 뜻대로 되지 않는 불행을 의미하지만 본래 '우리가 감내할 수 있는 경계를 거스른다'라는 뜻이다. 이런 일을 당하면 우리는 화가 날 뿐만 아니라 깊은 비관에 빠진다.

64년 여름 세네카는 친구에게서 끔찍한 소식을 접힌다. 오늘날의 프랑스 리옹인 당시의 로마 식민 도시 루그두눔이 갑자기 불길에 휩싸여 순식간에 파괴되었다는 것이다. 화재는 언제 어디서나 일어날 수 있지만, 그곳의 화재는 전례가 없을 정도로 파괴적이었다. 불길이 너무나 맹렬해서 탈 것이 남지 않을 정도로 도시가 전소되었다. 세네카는 이 재앙이 "전례 없는 일이었기 때문에 예상치 못했고 사실 상상조차 할 수 없었다"[1]라고 말한다.

세네카는 리옹 화재 소식을 전하는 편지에서 예상하지 못한 역경에 관해 섬세하게 묘사한다. 64년 화재는 리옹에서만 일어난 것이 아니다. 64년 7월 18일에서 19일 사이의 밤에 당시 로마의 전차 경기장이던 키르쿠스 막시무스가 내려다보이는 아벤티노 언덕 경사면에 있는 상점 하나에서 불이 났다. 처음에는 그리 크지 않은 불이었지만 갑자기 강풍이 불어 재앙적인 규모로 확대되었다. 이 불은 아벤티노와 팔라티노 언덕에 있는 저택과 일반 거주지, 공공건물과 사원을 파괴했다. 목조로 지어진 상점이 많아 가뜩이나 화재에 취약했던 로마는 이 불로 7일 이상 타올랐다. 네로의 폭정과 잔혹함을 드러낸 로마 대화재에 관한 이야기다.

이 화재는 네로 황제를 괴물로 만들었다. 네로가 황금 궁전을 지으려고 일부러 화재를 일으켰다거나 우연히 난 화재가 번지도록 내버려두었다는 말이 있지만, 로마 역사가 타키투스는 네로가 화재에 직접적인 책임이 없다고 말한다. 네로는 화재 이후 오히려 궁전을 개방하여 집 없는 사람들에게 쉼터를 제공하였으며, 생존자들이 굶주리지 않도록 식량을 공급했다. 하지만 민중의 항의가 거세지자 네로는 당시 인기 없는 종교 집단이었던 기독교인들에게 책임을 돌렸다. 그 결과 많은 기독교인이 체포되고 고문당하고 잔인한 방식으로 처형되었다. 권력 확대를 위한 정치적 기회로 화재를 이용한 네로의 잔혹한 행위는 지금도 분노를 불러일으킨다. 네로가 황제가 되기 전에 그의 스승이었으며, 황제가 된 이후에는 고문 역할을 한 세네카는 분명 그 누구보다 분노하였을 것이다. 광기가 몰아치는 네로의 폭정 시대에 세네카는 그야말로 소름 끼치는 공포 속에서 살았다. 세네카가 역경을 철학적 성찰의 주제로 삼은 것은 결코 우연이 아니다.

전쟁이나 전염병 그리고 천재지변을 당하면 우리는 자연이 창조하고 인간이 만든 모든 것의 연약함을 절실하게 느낀다. 우리가 이뤄놓은 모든 것이 순식간에 사라지고, 삶의 터전은 파괴된다. 모든 게 우리의 뜻과는 반대로 움직인다. 평화는 전쟁으로 바뀐다. 고요한 날은 끔찍한 폭풍으로 돌변한다. 번영은 빈곤으로, 건강은 질병으로 바뀐다. 평생의 업적이 하루 만에 물거품이 될 수도 있다. 세네카는 우리 삶이 얼마나 연약한 토대 위에 세워졌는가를 인상적으로 표현한다.

큰 노력과 많은 기도에 대한 응답으로 이루어진 평생의 업적은 단 하루 만에 망가진다. 하지만 하루라고 이야기하는 것도 재촉하는 재앙을 실제보다 느리게 만드는 것이다. 한 시간, 단 한 순간이면 제국을 전복하기에 충분하다. 모든 것이 생겨나는 데 걸리는 만큼 느리게 끝난다면 우리의 연약함과 걱정에 약간의 위안이 될 것이다. 현실은 사물이 발전하는 데는 시간이 걸리지만, 사라지는 데는 시간이 거의 또는 전혀 걸리지 않는다는 것이다.[2]

사물은 느리게 발전하지만 망가지는 길은 빨리 찾아온다. 한 국가나 제국을 건설하는 데는 오랜 시간이 걸리지만, 망하는 것은 순식간이다. 오랫동안 지속될 것이라 믿었던 평화는 전쟁 하나로 깨진다. 이것이 재앙과 역경이 들려주는 교훈이다. 리옹의 화재는 억제할 수 없을 정도로 너무 빨리 진행되었다. 예상치 못한 재앙은 우리에게 대처할 기회를 허용하지 않는다. 그러나 이러한 역경은 결코 드문 일이 아니다. 그것은 언제나 우리 모두를 덮칠 운명이다. 재앙과 역경에서 완전히 벗어난 사람은 아무도 없다.

역경은 종종 엎친 데 덮친 격으로 찾아온다. 내우외환이라는 말처럼 나라 안팎의 여러 어려움은 늘 겹쳐서 일어난다. 코

로나19 팬데믹과 러시아-우크라이나 전쟁, 이스라엘-하마스 전쟁과 트럼프 재집권, 반도체 전쟁과 우리나라 탄핵 정국은 예측할 수 없는 재앙이 우리의 삶을 하루아침에 무너뜨릴 수 있음을 말해준다. 삶을 따라다니는 전쟁, 폭력, 기아, 전염병은 우리의 마음을 끊임없이 동요시킨다. 나쁜 일은 언제든 누구에게든 일어날 수 있다. 공포와 분노가 소용돌이치는 시대를 살았던 세네카는 평생 어떻게 하면 역경을 이겨낼 수 있는지를 성찰했다. 시대가 혼란스럽고 삶이 힘들어질수록 스토아철학과 세네카의 글이 많이 읽히는 것은 우리가 역경에도 불구하고 평정심과 냉정함을 유지하고자 하기 때문이다.

최악을 예견하고
삶을 당연하게 여기지 마라

재앙이 우리의 삶을 송두리째 파괴하도록 내버려두지 않으려면 역경에도 마음의 평정을 유지해야 한다. 우리는 미래가 불확실한 시대에 살고 있다. 미래를 예측하는 것은 쉽지 않다. 능력이 크지 않더라도 열심히 노력만 하면 적어도 어떤 삶을 살 수 있을지 머리에 그릴 수 있었던 시대는 이미 지나갔다. 노력의 결과를 예측할 수 없는 세상에서 노력만 하는 건 쉽지 않다. 이런 세상에서는 재앙이 닥치는 사람들은 쉽게 무너진다. 분명한 것은 우리 모두 고난과 고통, 재앙과 역경을 겪을 것이라는 점이다.

지독한 혼란과 광기의 시대에 로마의 스토아학파 사람들은 어떻게 평온하고 행복하게 살 수 있었을까? 나는 세상이 어지러워지고 혼란스러워지면 세네카의 편지나 마르쿠스 아우렐리우스의 《명상록》을 읽는다. 스토아철학은 역경과 고난이 우리 삶의 일부일 뿐이라는 점을 강조한다. 불행이 없는 행복이 없듯이 역경이 없는 평온한 삶은 존재하지 않는다. 스토아철학은 불가피한 역경을 예상하고 이에 대응하는 방법을 개발했다. 삶에서 불행과 역경을 막을 수 없다면, 적어도 역경을 덜 고통스럽게 만들 필요가 있다. 생각이 있는 사람은 자신에게도 나쁜 일이 일어날 수 있다는 점을 깨닫고, 일어날 수 있는 최악의 상황이 무엇인가를 주기적으로 성찰한다.

나쁜 일이 일어나는 것을 예견하면 그것을 막을 수 있다. 누군가가 자신의 집에 침입할 수 있다는 점을 인식해야 다양한 방법을 생각해서 미리 막을 수 있다. 인공지능이 산업구조를 바꿀 것이라는 점을 예측하고 대비해야 새로운 일자리를 구할 수 있다. 불행을 예견하면 불행을 막을 수도 있다. 하지만 우리가 나쁜 일을 막으려고 아무리 노력하더라도 결국에는 일어날 일은 일어난다. 나쁜 일이 어차피 일어난다면, 우리는 그것이 삶에 미칠 충격을 줄이고 덜 고통스럽게 만들어야 한다. 세네카에 의하면 그 이유는 간단하다. 재앙을 미리 알아차린 사람은 재앙의 힘을 약화시킨다.

> 일어날 수 있는 모든 것을 미리 예견하면, 우리는 모든 악의 맹

습을 완화할 것이다. 왜냐하면 악은 준비하고 기다리는 사람들에게 새로운 것을 가져다주지 않지만, 걱정 없이 행운만을 기대하는 사람들을 더욱 무겁게 짓누르기 때문이다.³

한 사람에게 일어날 수 있는 일은 누구에게나 일어날 수 있다. 나에겐 절대 그런 일이 일어나지 않을 거라는 믿음은 갑자기 닥친 불행을 더욱 고통스럽게 만든다. 고통이 발생하리라고 예상한 사람들은 고통이 닥쳤을 때 덜 고통스러워한다. 지금 즐기는 모든 것이 덧없고 무상하다는 점을 인정할 때만 우리는 역경을 이겨낼 수 있다. 스토아철학자 에픽테토스는 특히 이 점을 강조한다. "모든 사물은 어디에서나 썩기 쉽고, 쉽게 잡힌다. 어떤 식으로든 사물에 집착하는 사람은 반드시 마음이 괴로워지고 미래가 어떻게 될지 걱정하며, 두려움과 슬픔에 시달리게 되고, 욕망이 좌절될 가능성이 크고, 피하고 싶은 것에 빠지게 된다."⁴ 이를 깨닫지 못하고, 소중하게 여기는 것들을 언제든 향유할 수 있다고 생각한다면 그것들을 빼앗길 때 큰 고통을 겪을 것이다.

우리는 이미 가진 것을 갑자기 빼앗길 때 고통을 느끼고 화를 낸다. 역경은 가진 것을 박탈당하는 것이다. 무언가를 빼앗겼을 때야 비로소 그것의 가치를 알게 된다면, 사실 그것의 가치를 모른 채 살아왔다고 할 수 있다. 만약 우리가 이미 가진 것의 가치를 알고, 또 그것을 언제든지 박탈당할 수 있다는 사실을 인지하면 역경을 좀 더 쉽게 극복할 수 있지 않을까? 이 점에 주목한 스토아철학은 우리가 이미 가진 것을 소중하게 생각하지 않는 이유를 밝혀낸다. 인간이 불행한 이유는 대체로 만족할 줄 모르기 때문이다.

현대 심리학은 이러한 현상에 '쾌락 적응hedonic adaptation'이라는 이름을 붙였다. 사람들은 벼락 맞은 것처럼 갑자기 부자가 되면 행복해진다고 생각하지만, 사실은 그렇지 않다. 복권에 당첨되면 일반적으로 자신이 꿈꿔왔던 삶을 살 수 있다. 궁전같이 멋진 아파트에서 살며 페라리를 탈 수도 있다. 그러나 들뜬 마음이 가라앉으면 복권 당첨자의 행복감은 결국 예전 상태로 되돌아가게 된다. 과거에 녹슨 자동차와 좁은 아파트를 당연하게 여겼던 것처럼 이제는 새로운 페라리와 큰 맨션을 당연하게 여기기 시작한다. 이러한 쾌락 적응은 물질에만 국한되지 않는다. 간절히 꿈꿔왔던 직업, 배우자 같은 관계도 쾌락 적응을 하게 된다.

이러한 적응 과정의 결과로 사람들은 '만족의 쳇바퀴'에 갇히게 된다. 우리는 욕망이 충족되면 행복할 것이라고 믿지만, 자신 안에서 충족되지 않는 욕망을 발견하면 불행해진다. 학교 다닐 때 놀지 않고 열심히 공부하고, 꿈을 실현하기 위해 많은 것을 포기하면서 노력하여 드디어 원하던 직업을 가졌다고 가정해보라. 당연히 기쁘고 행복할 것이다. 하지만 얼마 지나지 않아 불만족스러워질 가능성이 크다. 일자리는 안정적이지만 보수가 너무 적다거나, 일이 생각했던 것과 다르다고 불만을 터뜨릴지도 모른다. 내가 이런 삶을 살려고 하고 싶은 것을 못했던 것인가. 이렇게 생각하면서 새로운 욕망으로 질주한다. 우리는 무언가에 대한 욕망을 충족하면 그에 적응하고 결과적으로 그것을 더 이상 원하지 않거나 적어도 예전처럼 바람직하다고 생각하지 않는다. 결국 욕망을 충족하기 전과 마찬가지로 현재의 삶에 만족하지 못한다. 만족의 쳇바퀴는 사실 불만족의 쳇바퀴이다.

역경을 이겨내고 행복에 이르는 길은 '만족의 쳇바퀴'로부터 벗어나는 것이다. 이미 가진 것을 당연하게 여기지 않아야 한다. 우리가 쾌락 적응의 결과로 모든 것을 당연한 것으로 여긴다면, 그것을 빼앗기거나 상실할 때 훨씬 더 큰 고통을 느낀다. 따라서 영원한 불만족과 불행을 가져오는 쾌락 적응 과정을 반대 방향으로 뒤집을 필요가 있다. 간절히 원했던 것이 충족되면 이에 대한 욕망이 줄어드는 경향이 있다면, 이미 가지고 있는 것에 대한 욕망을 만들어내는 기술이 필요하다. 행복을 얻는 가장 쉬운 방법은 이미 가진 것을 원하는 법을 배우는 것이다. 이러한 스토아학파의 조언은 의심할 여지 없이 사실이기에 말하기 쉽지만, 실천으로 옮기기는 매우 어렵다.

우리는 더 많은 것을 욕망하기보다 이미 가지고 있는 것을 원할 수 있을까? 편안한 마음으로 분수를 지키며 만족할 줄 아는 '안분지족'의 삶은 말하긴 쉬워도 실천하기 어려워서 진부하게 들릴 수 있다. 따라서 가진 것에 대한 편안한 욕망을 일깨우기 위해서는 반복적으로 실천하여 습관으로 만들 수 있는 삶의 기술이 필요하다. 그것은 내가 이미 가진 것이 갑자기 사라질 때의 부정적 상황을 그려보는 것이다. 어떤 사람들은 정년퇴직을 부정적으로 받아들인다. 매일매일 반복되는 다람쥐 쳇바퀴 같은 삶을 지루하게 느꼈던 사람들도 은퇴 이후의 삶을 두려워한다. 그런데 어떤 이유로든 정년 이전에 떠날 수밖에 없는 상황을 겪었던 사람들은 정년퇴직을 감사할 일로 받아들인다. 그만큼 그들은 매일 반복되었던 일을 소중하게 생각한다. 아이를 키워본 사람은 아이가 성장하는 모든 순간이 소중하다는 것을 잘 안다. 앙증맞은 표정으로 혀짜래기소리를 하는 어린아이의 귀여움은 순식간에 사라진다. 이를 알면 우리는 현재 있는 것을 즐기고 사랑할 수 있다.

에픽테토스는 무엇이든 기쁨을 느낄 때마다 그 반대를 상상해보라고 권한다. 아이가 너무 귀여워 얼굴에 뽀뽀하는 바로 그 순간에 아이가 내일 죽을 수도 있다고 생각해야 한다는 것이다. 물론 인생을 막 시작하는 어린아이나 꽃을 피우기 직전의 청년을 보면서 죽음을 떠올리는 사람은 없다. 에픽테토스가 말하고자 하는 것은 지금 가진 것을 당연하게 여겨서는 안 된다는 점이다. "네가 사랑하는 것은 죽을 수밖에 없는 필멸의 존재이고, 네가 사랑하는 것은 너 자신의 것이 아니라는 점을 언제나 상기해야 한다. 그것은 돌이킬 수 없이 영원이 아닌 바로 현재를 위해 너에게 주어진 것이다. 무화과나 포도 한 송이가 1년 중 특정 계절에 주어진 것처럼 말이다."[5] 우리에게 더 이상 당연하지 않은 아이들이나 친구를 그리워한다면 겨울에 무화과를 그리워하는 것과 같다.

죽음은 우리가 가진 것을 단숨에 빼앗아 간다. 죽음은 인간에게 가장 큰 역경이다. 사랑하는 사람을 잃었을 때의 고통과 슬픔은 겪어보지 않고서는 알 수 없다. 아들을 잃은 지 3년이 지났는데도 상심에서 벗어나지 못한 마르키아에게 세네카가 보낸 위로 편지는 역경에 대한 스토아철학의 관점을 대변한다. 세네카는 슬픔은 초기에 치료하지 않으면 마음속에 깊이 뿌리를 내려 매일매일 새로워지고 강력해진다고 경고한다. 슬픔은 자기 파괴적이다. 슬픔은 자신의 비통함을 먹고 살며 가혹할수록 더욱 힘을 얻기 때문이다. 불행한 마음은 슬픔과 고통에서 왜곡된 쾌락을 찾는 것과 같다. 나중에는 그리움 때문에 우는지 아니면 습관 때문에 눈물짓는지 구별할 수 없다.

세네카는 우리가 이미 가진 것들이 결코 당연한 것이 아님을 강조한다. 우리는 주위에 있는 것을 소유물인 것처럼 자랑스러워해서는 안 된다. 세네카에 의하면 그것들은 모두 "잠시 빌려 온 것들"이다. 우리는 우리 삶의 소유주라고 생각하지만, 삶은 운명에 의해 우리에게 맡겨진 것이다. 우리가 우리의 삶을 사랑한다면, 동시에 주위에 있는 것을 사랑해야 한다.

> 우리는 그들의 삶이 영원할 것이라는 약속을 받지 못했고, 실제로 오래 살 것이라는 약속도 받지 못했다는 사실을 알면서 그들을 사랑해야 합니다. 우리가 그것들을 확실히 잃을 것이라는 것을, 아니 오히려 우리가 이미 그것들을 잃고 있다는 것을 이해한 상태에서 사랑하도록 우리의 마음을 자주 일깨워야 합니다. 여러분은 모든 행운의 선물이 보장 없이 온다고 생각해야 합니다. 그러니 여러분의 자녀가 주는 즐거움을 즐기고, 여러분의 자녀들에게도 여러분과의 즐거움을 누리게 해야 합니다. 지체하지 말고 여러분이 얻을 수 있는 모든 기쁨을 남김없이 즐기십시오. 다가올 밤에 대한 약속은 없습니다. 벌써 너무 긴 연장을 당연하게 여긴 것입니다. 다음 시간에 대한 약속은 없습니다.[6]

오늘의 삶을 내일, 다음 순간으로 미루지 말라. 이것이 쾌락 적응을 끊고, 역경이 닥쳤을 때 고통을 줄일 최선의 방법이다.

역경은 이미 가진 것의 가치를 깨닫게 하는 가장 부정적인 순간이다. 역경의 고통을 완화하려면, 이미 가진 것이 언젠가 사라질 수 있다는 믿음 아래 현재에 만족할 줄 알아야 한다. 더 많은 것을 바라는 쾌락 적응은 세상을 즐기는 우리의 힘을 파괴한다. 왜냐하면 우리의 삶과 우리가 가진 것에서 기쁨을 느끼는 대신 그것을 당연하게 여기기 때문이다. 삶에 당연한 것은 없다고 인식하지 않으면, 우리의 삶은 역경에 완전히 무너질 수 있다.

통제할 수 있는 것에
집중하라

우연히 찾아오는 재난과 곤경은 우리가 통제할 수 있는 것이 아니다. 원하지 않아도 화산 폭발과 지진은 일어나고, 아무리 대비한다고 해도 전쟁이나 전염병은 발생한다. 세네카와 스토아학파 사람들은 현재 우리가 가진 것에 만족하면 갑작스러운 역경을 완화할 수 있다고 말한다. 이 세상의 모든 게 무상하다는 사실을 숙고하면, 무언가를 할 때마다 그것이 우리가 하는 마지막 일이 될 수 있음을 인식할 수 있다. 이러한 인식은 그렇지 않으면 깨닫지 못할 의미와 강렬함을 우리가 하는 일에 부여한다. 물론 일상생활에서 끊임없이 삶의 덧없음을 생각하면 우울해질 수 있다. 우리의 유한한 삶에 영원의 발자국을 남긴다는 희망과 기대가 오히려 긍정적일 수 있다. 하지만 우리가 진정으로 살아갈 수 있는 유일한 방법은 삶의 무상함을 성찰함으로써 삶을 의미 있게 만드는 것이다.

고대 그리스 철학과 스토아학파에 따르면 무상한 삶에서 의미를 창조할 수 있는 능력이 바로 '덕德'이다. 덕 또는 미덕이라는 말이 진부하다면 '성격적 능력' 또는 '인격적 능력'으로 부를 수도 있다. 고대 그리스인은 인간뿐만 아니라 모든 사물에는 고유한 덕성이 있다고 생각했다. 예컨대 좋은 말의 덕성은 빨리 달리는 것이고, 좋은 칼의 덕성은 잘 베는 것이다. 세네카는 이렇게 말한다. 우리가 좋은 칼이라고 부르는 것은 금박을 입힌 대검도 아니고 보석으로 장식된 칼집이 있는 칼도 아니다. 좋은 칼은 날이 예리해서 모든 것을 잘 베어낼 수 있는 칼이다. 인간도 마찬가지다. 인간에게 중요한 것은 재산이 얼마나 많은지가 아니라 그가 얼마나 좋은 사람인지이다. 그가 자신의 이성을 가지고 얼마나 올바르게 살아가느냐가 중요한 문제이다.

덕은 인간의 고귀하고 유일한 선이다. 이성만이 인간을 완벽하게 만들기 때문에 이성만이 인간을 완벽하게 행복하게 만든다. 우리는 덕에서 나와 덕과 연결된 것들, 즉 덕의 모든 활동이 그 자체로 선이라고 말한다. 덕은 여전히 유일한 선이다. 덕이 없다면 선은 없기 때문이다.[7]

덕을 가지려면 이성에 따라 합리적으로 행동해야 한다고 세네카는 말한다. 우리는 훌륭하고 안정된 성격을 개발해야 한다. 우리가 극도로 부정적인 감정으로 인해 정신적 균형을 잃지 않는 평정심을 가져야 한다는 뜻이다. 스토아학파는 우리가 통제할 수 있는 것에 집중하라고 조언한다. 세네카가 사망하였을 때 10대였던 에픽테토스는 로마 스토아철학의 핵심 사상인 통제의 이분법을 발전시켰다. 에픽테토스는 《엥케이리디온 Encheiridion》 말머리를 이렇게 연다.

어떤 것들은 우리의 힘으로 통제할 수 있고, 어떤 것들은 그렇지 않다. 우리의 힘으로 통제할 수 있는 것은 의견, 동기, 욕망, 혐오, 그리고 한마디로 우리 자신의 행동에 속하는 모든 것이다. 우리의 힘으로 통제할 수 없는 것은 우리의 몸, 우리의 재산, 명성, 직책, 그리고 한마디로 우리 자신의 행동에 속하지 않는 모든 것이다.[8]

에픽테토스의 말을 신중하게 생각해보면 우리의 힘으로 통제할 수 있는 게 많지 않다는 데 놀라게 된다. 우리의 몸과 떠오르는 생각마저 언제나 통제할 수 있는 게 아니다. 걷고 싶고 뛰고 싶어도 몸이 말을 듣지 않을 때도 많다. 벌쳐버리고 싶은 생각은 시시각각 찾아와 괴롭힌다. 통제할 수 있는 게 많지 않다면 우리 하기에 달려 있는 것에 집중해야 한다. 에픽테토스에 따르면 우리는 어떤 욕망을 형성할 것인지 선택해야 한다. 우리는 우리에게 달려 있는 것을 원할 수도 있고, 그렇지 않은 것을 원할 수도 있다. 나의 힘으로 통제할 수 없는 것을 원할 때 그걸 얻지 못하면 불행해지고 화가 난다. "자신의 것이 아닌 것을 자신의 것으로 여긴다면, 당신은 탄식할 이유가 있고, 괴로워질 것이고, 신과 인간을 비난할 것이다."[9] 따라서 내 것만 내 것으로 여기고, 내 것이 아닌 것은 내 것이 아니라고 인정할 줄 알아야 한다. 그것이 우리를 평정심과 자유로 인도하는 유일한 길이다.

세상에는 우리가 완전히 통제할 수 있는 것과 전혀 통제할 수 없는 것들이 있다. 스토아철학은 우리가 마음만 통제할 수 있다고 말하지만, 사실 머릿속에 떠오르는 생각과 욕망도 마음대로 할 수 없는 경우가 많다. 그래도 스토아철학에 따르면 인생에서 가장 중요한 선택은 우리 외부에 관심을 가질 것인가, 아니면 내부에 관심을 가질 것인가 하는 것이다. 우리는 대체로 이익과 피해가 외부에서 온다고 생각하기 때문에 외부 재화를 선택하는 경향이 있다. 우리 대부분은 호화로운 집, 화목한 가족, 넉넉한 재산을 좋은 것으로 여기는데, 스토아학파 사람들에게 그것들은 단지 '이점'일 뿐이다. 삶에 도움이 되는 이

점이지만, 그 자체가 선은 아니다. 언뜻 사소한 차이로 보일 수 있다. 하지만 스토아학파에는 결정적인 차이이다. 왜냐하면 마음을 다스리는 과정에서 형성된 덕만이 참된 선이기 때문이다. 보통 사람은 이익이나 해악이 오직 외부에서 올 것이라고 기대하지만, 철학자는 "모든 이익과 해악이 자신에게서 오기를 기대한다."[10] 역경에도 평정심을 유지하고 마음의 평화를 얻으려면 마음 내부에 관심을 가져야 한다.

뭐니 뭐니 해도 돈이 최고라고, 외부적인 것들이 좋다고 믿는 사람은 자신을 행운과 우연의 힘에 맡기는 셈이다. 이것은 세상이 자신을 위해 변하기를 바라는 어처구니없는 생각이다. 반면 자신의 덕만을 선한 것으로 이해하는 사람은 외부 상황에 상관없이 내면에서 지속적인 행복을 찾을 수 있다. 외부적인 것은 어느 날 갑자기 빼앗길 수 있지만, 나의 덕성과 성격은 빼앗기지 않는다. 에픽테토스는 관심을 내부로 돌릴 것을 권한다. "자신에게 좋은 것을 외부에서 찾지 말고 내부에서 찾아라. 그렇지 않으면 결코 찾을 수 없을 것이다."[11]

우리가 통제할 수 있는 내면의 힘을 키우면 외부로부터 오는 역경이 아무리 힘들더라도 이겨낼 수 있다. 많은 사람이 고난과 역경을 겪지 않고 부와 쾌락을 누리는 평안한 삶을 바란다. 하지만 스토아철학에 따르면 누구에게나 일어날 수 있는 최악의 일 중 하나는 자신의 성격을 시험하지 않고 덕을 키우지도 않으면서 극도의 쾌락과 안락함을 누리는 삶이다. 고난과 역경은 사람의 성격을 드러낸다. 역경에 직면할 때마다 우리는 마치 우리의 진정한 힘을 시험하는 강력한 상대와 맞붙는 것 같은 느낌을 받는다. 내가 진정으로 원하는 것이 무엇인지, 내가 소중하게 생각하는 것이 무엇인지가 이 시합을 통해 분명해진다.

고난과 시련은 우리의 마음을 크게 뒤흔들어놓는다. 스토아철학이 우리에게 고무적인 이유는 역경에서도 항상 좋은 것이 나올 수 있다는 믿음 때문이다. 세네카는 "재난은 덕성을 키울 기회"[12]라고 말한다. 대적할 적이 없다면 남성성$_{virtus}$은 쇠퇴한다. 로마 스토아철학은 덕을 남성성으로 이해했다. 덕의 크기와 힘은 자신이 무엇에 맞설 수 있는지 보여줄 때만 알 수 있다. 남성이든 여성이든 선을 추구하는 모든 사람은 고난과 어려움에 움츠려서는 안 된다. 운명을 불평하는 대신 맞서야 한다. 세네카가 말하는 것처럼 "무슨 일이 일어나든 그 안에서 좋은 것을 찾아야 한다. 즉, 그것을 좋은 것으로 바꿔야 한다. 중요한 것은 당신이 직면한 것이 아니라 어떻게 직면하느냐이다."[13]

우리는 살아가면서 수많은 곤경을 겪는다. 역경이 없는 삶은 없다. 내가 크게 잘못한 것이 없는데도 직장을 잃고, 결혼은 실패하고, 갑자기 병에 걸린다. 우리의 힘으로 통제할 수 없는 것들이다. 스토아철학은 우리의 기획과 목표가 언젠가 실패할 수 있다는 자연의 본성을 이해하는 게 중요하다고 말한다. 닥칠 일은 어쩔 수 없이 닥친다. 중요한 것은 이 갑작스러운 역경에 어떤 태도와 덕성으로 대처하는가이다. 세네카에 따르면 현명한 사람은 가장 사나우면서도 무서운 짐승을 훈련시켜 온순한 동반자로 만드는 동물 조련사와 같다. "지혜로운 사람은 숙련된 불행의 주인과 같다. 고통, 궁핍, 굴욕, 감옥, 추방은 보편적으로 두려운 일이지만, 그에게 다가오면 길들여진다."[14] 역경의 주인이 되고자 하는가? 그러면 자신을 역경이라는 불운에 내맡기지 말고 그 안에서 자신에게 도움이 되는 좋은 것을 찾아내라. 우리의 길을 막으려던 것이 길을 열어준다. 장애물이 바로 길이다.

5장

불안을 극복하는 법:
희망을 멈추면
두려움도 멈춘다

"희망을 멈추면
두려움도 사라진다."

-세네카,《윤리에 관한 서한집》, 13.4.

우리는 고유한 삶을
찾지 못해 불안하다

현대사회에서 모든 사람에게 영향을 미치는 핵심 문제는 불안이다. '불안 사회'에 살고 있다고 해도 이상하지 않을 정도로 다양한 불안이 우리를 지배한다. 사회적 갈등이 양극화로 치달으면 내전이 일어날까 두렵고, 블라디미르 푸틴의 핵무기 사용 위협이 현실이 될까 두렵고, 경제가 나빠져서 직장을 잃을까 두려워한다. 화면에서 눈을 떼지 못하는 주식 단타 거래자와 마찬가지로 매일 아침 일어나자마자 거울에 자기 모습을 비춰 보는 모델의 눈에도 불안이 서려 있다.

불안의 종류는 여러 가지다. 성적과 성과에 대한 불안, 빈곤과 쇠퇴에 대한 두려움, 인플레이션에 대한 두려움, 테러에 대한 두려움, 전쟁과 전염병에 대한 두려움 등 두려워하지 않을 일을 찾는 게 어려울 정도이다.

불안은 아직 일어나지 않은 일에 대한 두려움이다. 불안은 미래와 관련 있다. 영국 사회학자 앤서니 기든스와 독일 사회학자 울리히 벡이 현대사회를 '위험 사회risk society'로 명명한 것처럼 사회가 발전할수록 현대화 자체가 유발하는 위험과 불안은 더욱 커진다. 기후변화로 도시가 바닷속으로 가라앉는 것은 아닐까? 인공지능이 사람의 일자리를 빼앗아가지 않을까? 위험 사회는 위험을 산출하는 미래에 점점 더 몰두하는 사회이다. 미래를 생각할수록 우리는 더욱더 불안해진다.

시간이 지남에 따라 어떤 방향으로든 불안이 생긴다. 지금까지 모든 것이 순조롭게 진행되었기 때문에 미래가 두려워질 수 있다. 선택해야 하는 매 순간 하나의 결정이 다른 대안을 배제하기 때문에 두려워할 수도 있다. 이미 극복했다고 생각한 과거가 나의 발목을 잡을까 두려워할 수도 있다. 불안이 현대 사회의 핵심적 기호이기는 하지만, 인간은 존재하는 한 늘 불안과 싸워왔다. 20세기의 대표적인 실존철학자 마르틴 하이데거는 《존재와 시간》이라는 책에서 불안은 인간의 가장 근본적인 실존 조건이라고 말한다. 우리는 우리의 존재 자체를 염려한다. 이 세상에 던져진 존재인 인간은 자신의 실존을 스스로 선택해야 하기에 늘 불안하다. 우리가 세계 속에서 살아간다는 것은 한편으로 세계에 열려 있음을 의미하지만, 바로 그런 이유에서 불안하다. 염려는 여러 가지로 마음을 써서 앞일을 걱정한다는 것이고, 걱정은 안심이 되지 않아 속을 태워 마음이 편하지 않은 불안 상태를 가져온다.

누구나 자신의 선택과 결단에 따라 고유한 삶을 살고자 한다. 우리는 자신이 원하던 것과 현재의 삶에 괴리가 있을 때 불안을 느낀다. 내가 선택했을 수도 있는 본래의 가능성을 놓쳤다는 불안은 미래의 나도 현재의 나와 별다르지 않을 것이라는 불안과 겹쳐진다. 우리는 자신이 할 수 있는 것으로부터 일상의 편안함으로 도피할 때 불안을 느낀다. 불안은 우리가 해야 할 것을 하지 않을 때 찾아온다. 우리가 해야 할 것은 물론 어떤 상황에서도 미래를 걱정하지 않고 덕성을 길러 좋은 사람이 되는 것이다. 세네카가 루킬리우스에게 보낸 편지는 이를 분명하게 표현한다. "당신은 열심히 일하고, 다른 모든 것을 잊고 매일 자신을 더 나은 사람으로 만드는 유일한 과제에 집중합니다. 나는 이를 찬성하고, 매우 기뻐합니다. 나는 당신이 인내심을 갖고 계속 그렇게 하기를 촉구하고, 정말 간청합니다."[1]

세네카에 따르면 도덕적으로 진보하면 불안은 사라진다. 도덕적으로 진보한다는 것은 '좋은 사람'이 된다는 것이다. 좋은 사람은 편안한 마음으로 세상을 대하는 사람이다. 그러나 세상에는 도덕적으로 좋은 사람이기보다는 주목받고 싶어 하는 사람이 많다. 세네카는 이를 경계한다. 세네카는 나쁜 사람의 주의를 끌기 위해 옷차림이나 생활 방식을 바꾸지 말라고 말한다. 그러나 자신에 대한 신뢰가 없는 사람은 다른 사람과 같아지려고 애를 쓴다. 현대적으로 표현하면, 유행은 모방을 통해 자신을 드러내는 방식이다. 다른 사람의 주의를 끌려고 하면 할수록 우리는 역설적으로 다른 사람을 모방한다. 그렇게 사람들은 자신을 상실한다.

고유한 방식으로 살고자 하는 사람은 자신의 차이를 외면이 아닌 내면에서 찾아야 한다. 바로 이 때문에 철학이 사람들을 불편하게 만든다고 세네카는 지적하면서 이렇게 말한다.

'철학'이라는 단어는 겸손하게 사용하더라도 그 자체로 사람들을 충분히 불편하게 만듭니다. 우리가 사람들이 보통 따르는 관습에서 벗어나기 시작한다면 어떨까요? 내면적으로는 완전히 달라져야 하지만, 세상에 보여주는 얼굴은 다른 사람들과 같아야 합니다. 우리의 옷은 훌륭해서는 안 되지만 더러워서도 안 됩니다. 금으로 새겨진 은그릇을 가져서는 안 되지만, 금과 은이 없다는 사실만으로 검소한 성격을 나타낸다고 생각해서는 안 됩니다. 우리가 살려고 노력하는 삶은 일반적인 관행보다 나아야지, 그것에 반해서는 안 됩니다.[2]

우리의 목표는 더 나은 삶을 사는 것이지 주목받는 것이 아니다. 세네카는 아무리 좋은 삶도 일반적 관행과 너무 괴리가 있거나 반해서는 안 된다고 주장한다. 과시적 사치도 나쁘지만, 과시적 과소 소비도 문제가 많다는 것이다. 모방의 대상이 너무 완벽하면, 우리는 모든 것을 모방해야 한다는 두려움을 갖게 된다. 따라서 우리가 추구해야 하는 다름과 차이는 내면적인 것이지 외면적인 것이 아니다. 우리가 외면적으로 너무 큰 차이를 드러내면 사람들 사이의 연대감은 깨어진다. 세네카는 철학이 약속하는 첫 번째 것이 동료 의식이라고 말한다. 그에 따르면 우리가 연대감을 지니면서도 다를 수 있는 유일한 방식은 '내면적 차이'이다. 우리 집에 오는 사람은 그곳에 사는 사람의 인격에 경탄해야지 집의 호화로움에 경탄해서는 안 된다. 우리가 외면적 차이에 주목하여 다른 사람을 모방할수록 더욱 불안해진다. 지금의 나는 정말 나인가? 내일 나는 정말 진정한 나가 될 수 있는가? 실존에 대한 우리의 두려움은 이렇게 미래에 대한 희망으로 전환된다.

미래에 대한 걱정은
현재의 삶을 잠식한다

자신의 실존을 진정으로 염려하는 사람은 '나는 내일 어떤 사람이 되어 있을까?'라고 묻는다. 내일의 모습을 그려보고 그것을 실현하려는 것은 인간의 고유한 특성이다. 미래를 계획한다는 것은 인간의 훌륭한 재능이며, 인류 역사의 원동력이다. 우리는 앞일을 내다보고, 계획하고, 예견에 기반하여 가치 있는 것을 창조하는 방식으로 미래를 상상한다. 우리는 미래에는 '진정한 나'가 될 수 있다는 희망으로 현재를 살아간다. 현재의 삶에 대한 불만은 미래의 삶에 대한 희망으로 전환된다. 미래는 아직 현실이 아니라 언젠가 존재하게 될 시간을 의미하기도 하지만, 내가 이미 내면에 가진 가능성으로 되돌아가는 성찰의 계기이기도 하다. 만약 내가 미래에 진정으로 원하는 존재가 될 수 있다면, 나는 그 존재가 될 가능성을 이미 갖고 있어야 하기 때문이다.

미래에 대한 불안은 현재의 삶을 성찰할 계기가 될 수도 있지만, 과도한 불안은 오히려 우리가 현재를 건너뛰고 존재하지도 않는 미래로 달려가도록 만든다. 이것이 세네카가 미래를 예견할 수 있는 능력을 신의 선물로 생각하면서도, 미래에 대한 불안과 지나친 걱정보다 더 나쁜 것은 없다고 생각한 이유이다. 미래를 지나치게 걱정하는 사람은 인간에게 주어진 축복인 미래를 불안의 원천으로 바꿔놓을 수 있다.

희망이 있는 곳에 두려움이 뒤따른다. 그것이 그렇게 되어야 한다는 사실은 놀랍지 않다. 둘 다 긴장한 정신, 다가올 일에 대한 기대로 걱정하는 정신에 속한다. 주된 원인은 우리가 현재에 석응하지 않고 생각을 먼 미래의 일로 향하게 하기 때문이다. 따라서 인간 조건에 속한 가장 위대한 선인 예견이 악이 되었다.[3]

세네카는 걱정과 불안이 어떻게 발생하는지를 예리하게 분석하고, 이를 없애는 방법을 탐구한다. 미래를 지나치게 걱정해서 오는 두려움에 대한 해법은 간단하다. "희망을 멈추면 두려움도 사라진다."⁴ 그러나 이러한 처방은 그의 철학을 의심하게 할 정도로 우리에게 낯설다. 현재의 어려움을 극복할 수 있는 유일한 힘이 희망뿐인데 희망을 버리라니 가당찮다. 사람들은 '희망'과 '두려움'은 상반된 감정이라고 생각한다. 어떻게 반대되는 두 가지가 함께할 수 있단 말인가? 세네카는 희망과 두려움은 상반된 것처럼 보이지만, 사실 죄수와 간수가 같은 사슬로 묶여 있는 것처럼 연결되어 있다고 말한다.

언제 우리는 희망하는가? 희망이란 어떤 일이 일어나기를 바라면서 미래를 바라보는 것이다. 지금 우리에게 고통을 주는 현재의 삶이 계속될까 두려울 때 우리는 달라질 미래를 꿈꾼다. 희망에는 이처럼 현재에 대한 불안이 깔려 있다. 야생동물은 당장 닥친 위험을 피하고, 일단 벗어나면 평온해한다. 조금 전까지 사자에게 쫓기면서 공포에 떨었던 영양은 위험에서 벗어나면 한가롭게 풀을 뜯는다. 그러나 인간은 지나간 일과 다가올 일로 괴로워한다. 기억은 과거의 고통과 고난을 떠올리게 하고, 예견은 아직 오지도 않은 미래의 고통과 고난을 예상한다. 토머스 홉스의 말처럼 인간은 미래의 배고픔을 상상하는 것만으로도 배고파지는 존재이다. 이미 지나간 과거 일이 정신적 상처로 남아서 계속 트라우마로 고통받기도 한다. 세네카의 간단한 말처럼 "단지 현재만으로 비참해지는 사람은 없다."⁵

동물과 달리 우리는 상상을 한다. 과거는 기억의 상상을 통해 현재로 들어오고, 미래는 상상을 통해 현실이 된다. 현실만으로도 벅찬데 과거와 미래의 일들이 쌓인다면 걱정할 게 얼마나 많겠는가? 미래는 자신의 가능성을 성찰함으로써 현실을 이해하고 이겨내는 힘이 되어야 하는데 지나치게 미래로 내달리면, 앞일에 대한 걱정이 오히려 현재의 삶을 잠식한다.

그렇다면 어떤 상상이 우리를 걱정하게 만드는가? 너무 많이 걱정하는 사람은 현재의 삶을 사실로 받아들이고 사는 대신 대체로 '가정법'으로 살아간다. '만약 ~이면 어쩌지what if'의 악령에 시달리게 된다. 만약 열쇠를 집 안에 두고 문을 잠그면 어쩌지? 과거에 이런 일로 곤란한 적이 있었다면, 우리는 두려움을 미래로 투사한다. 만약 가스 밸브를 잠그지 않았다면 어쩌지? 만약 내가 사랑하는 사람이 갑자기 세상을 떠나면 어쩌지? 만약 내가 타고 있는 비행기가 추락하면, 아직 어린 우리 아이들은 어쩌지? 물론 이러한 걱정들이 전적으로 비이성적인 것은 아니다. 그것은 단지 미래에 대한 과도한 걱정이 진행되는 방식을 말해준다. 미래에 대한 걱정은 자신이 통제할 수 있는 영역을 넘어 점점 더 통제할 수 없는 쪽으로 뻗어간다. 외출하기 전에 가스 밸브 잠그는 것을 종종 잊어버린다면, 습관을 들여 고칠 수 있다. 그러나 불의의 사고로 인한 죽음은 자신이 전혀 통제할 수 없는 일이다. '만약 ~이면 어쩌지'라는 걱정이 과도해지면 걱정하고 있다는 사실에 대해 거정하기 시작한다.

현대 심리학은 걱정 자체에 대한 걱정을 '메타 걱정meta-worry'이라고 부른다. '내가 너무 걱정해서 미칠 것 같아!', '이 걱정 때문에 아무것도 할 수 없을 것 같아!' 이렇게 걱정하는 것에 대해 더 많이 걱정하게 되는 상태는 일종의 정신장애로, 일반적인 걱정보다 삶에 더 해로울 수 있다. 걱정이 걱정을 불러일으키면서 악순환되기 때문이다. 생생한 감정과 섞이는 상상은 부정적 감정을 증폭하고, 감정은 다시 상상을 증폭한다. 미래를 예견하려면 상상이 필요하지만, 상상은 부정적 형태를 취할 수 있다. 상상은 종종 집착과 강박관념을 불러일으키고, 통제 불능으로 치닫는 걱정과 두려움을 낳을 수 있다. 우리는 현실보다 상상 속에서 더 자주 고통을 겪는다. "실제로 우리에게 영향을 미치는 것보다 우리를 두렵게 하는 일들이 더 많고, 우리는 사실보다 생각만으로 더 자주 괴로워한다."[6]

우리가 임박한 것처럼 두려워하는 일들은 결코 일어나지 않을 수도 있다. 미래에 나쁜 일이 일어나지 않거나 확실하지 않을 때도 화내고 괴로워하는 것은 어리석은 일이지 않은가. 현재의 삶이 그리 비참하지 않은데도 미래의 삶이 비참해질 거라고 걱정한다면 세네카의 조언에 주목할 필요가 있다. 때가 되기 전에 스스로 비참해지지 말자. 걱정은 우리 마음의 평온을 깬다. 평온한 마음으로 현실을 직시하고 현재의 삶을 즐기려면, 너무 먼 미래로 던진 시선을 현재로 돌려야 한다. 현재에 숨겨져 있는 가능성을 발견하지 못한다면 결코 미래로 나아갈 수 없다.

불안을 없애려면
현재를 살라

인간은 이 세상에 던져진 존재인 한 걱정과 염려, 불안과 공포를 완전히 제거할 수 없다. 다른 동물과는 달리 인간은 자신의 실존 자체를 염려하는 존재이다. 근본적으로 실존 가능성에 관한 염려이다. 이러한 존재론적 염려는 우리의 실존을 진지하게 받아들이게 한다는 점에서 긍정적이다. 나는 어떤 사람인가? 나는 어떤 존재로 살고 싶은가? 이러한 질문들은 나의 내적인 가능성을 성찰하게 만든다. 그러나 우리의 삶을 무겁게 만드는 걱정과 불안들은 대체로 상상의 '시간 여행' 때문에 생겨난다. 이미 지나간 일로 고통을 느끼고, 아직 일어나지 않은 일을 걱정한다. 세네카는 통제할 수 없는 미래에 일어날지도 모를 일들을 걱정하지 말고 '현재의 순간을 살라'라고 말한다. 스토아철학에 따르면 그것이 불안과 걱정을 줄이는 최선책이다.

> 언제쯤 시간이 당신에게 중요하지 않다는 것을 깨닫고 평화롭게 지내며, 미래에 대해 아무 걱정하지 않으며, 있는 그대로의 당신 자신에게 완전히 만족할 날이 올까요! 사람들이 미래에 대해 탐욕스러워하는 이유가 무엇인지 알고 싶은가요? 아무도 아직 자신을 찾지 못했기 때문입니다.[7]

미래에 탐욕적인 사람들은 대체로 현재를 건너뛴다. 그들은 현재를 살지 않는다. 사랑하는 사람이 이렇게 간청한다. "우리에겐 휴식이 필요해. 서로 대화할 여유가 있어야 해. 우리 며칠 여행이라도 가자." 많은 사람은 이렇게 대답한다. "맞아. 그런데 지금 하는 이 일만 마치고 가면 안 될까?" 이런 태도가 습관으로 굳어지면 인생은 끊임없이 지연된다. 하고 싶고 해야 할 일을 제때 하지 못하고 마냥 미래로 미루면 우리에겐 현재가 없다. 왜 사람들은 조급하게 미래로 달려가 걱정하며 사는 것일까? 세네카의 대답은 간단하다. 자기 자신을 찾지 못해 온전히 자신의 삶을 살지 못하기 때문이다. 이 말을 뒤집으면 해결책이 나온다. 현재에 충실해야 자신을 발견할 수 있다.

스토아철학에 따르면 불안과 걱정을 줄이는 가장 효과적인 방법은 미래에 '일어날 수도 있는 일'보다 현재 '일어나는 일'에 주의를 집중하는 것이다. 미래가 불안해지면 걱정하는 내면의 감정을 모니터링하고, 내면의 판단을 분석해볼 필요가 있다. 감정이 어떻게 발생하는지 이해하고, 처음 불안을 느낄 때 그 과정을 관찰하면 미래에 가 있는 마음을 다시 불러 현재에 집중하도록 할 수 있다. 미래는 아직 존재하지 않는다는 사실을 깨닫는 것만으로도 현재의 일에 주의를 기울일 수 있다.

현대 심리학은 이러한 실천을 '마음 챙김$_{mindfulness}$'이라 부른다. '챙기다'는 무엇이 필요한지를 찾아 살피는 행위를 말한다. 다른 곳에 있는 마음을 소환하여 지금 그리고 여기에서 일어나는 일에 집중하도록 하는 것이 바로 마음 챙김이다. 스토아철학자들, 특히 에픽테토스는 이러한 행위를 그리스어로 '프로소케$_{prosoche, προσοχή}$'라고 불렀다. 프로소케는 '향하여' 또는 '관련하여'를 의미하는 그리스어 어근 '프로스$_{pros}$'와 '가지다', '보유하다'를 뜻하는 '에케인$_{echein}$'의 합성어로, 삶에 중요한 것에 집중하고 주의를 기울이는 것을 의미한다. 간단히 말하면 '이미 가진 것에 주의를 기울여라'라는 뜻이다.

에픽테토스에게 프로소케는 스토아적 삶의 방식에 필수적이었으며 지혜, 덕성, 평온을 기르는 가장 기본적인 행위였다. 프로소케는 자신의 생각, 판단, 반응, 감정을 주의 깊게 살피고,

그것이 과연 자신이 추구하는 가치와 일치하는지 확인하는 것이다. 에픽테토스는 우리가 통제할 수 있는 것에 세심한 주의를 기울이고, 미래와 외부의 사건 그리고 다른 사람의 행동처럼 통제할 수 없는 것에 대한 우려를 무시하거나 버리는 습관을 키워야 한다고 주장한다.

> 내 인생에서 가장 중요한 과제는 사물을 구별하고 분리하여 다음과 같이 명확하게 말하는 것이다. "외부적인 것들은 내 힘에 달려 있지 않다. 선택은 내 힘에 달려 있다. 나는 어디에서 선과 악을 찾아야 할까? 나 자신 안에서, 내 것에서." 하지만 내 것이 아닌 것에 대해서는 선이나 악, 이익이나 해악이라는 단어나 그런 종류의 다른 단어를 사용하지 말라.[8]

우리가 선택할 수 없고 일어나지도 않은 미래를 걱정하는 것은 어리석은 일이다. 세네카는 이렇게 조언한다. "때가 되기 전에 비참해지지 마라. 임박한 것처럼 두려워하는 일들은 일어나지 않을 수도 있다. 그 일들이 아직 일어나지 않았다는 것은 확실하다."[9] 살아갈 날들이 살아온 날들보다 줄어드는 인생의 황혼기에 삶을 뒤돌아보면, 걱정했던 수많은 일이 실제로는 일어나지 않았다는 것을 깨닫게 된다. 우리가 통제할 수 있는 것은 현재 우리에게 유익한 길을 선택하는 것이다. 미래에 대한 걱정과 두려움으로 허송세월할 것인가, 아니면 현재 내가 할 수 있는 일을 찾아내 미래로 나아갈 발판을 마련할 것인가?

우리가 진정으로 누릴 수 있는 것은 현재의 순간이다. 이 사실을 망각하면 항상 걱정과 불안과 어려움이 시작된다. 마르쿠스 아우렐리우스는 우리가 괴로워하는 이유는 대부분 삶에 본질적인 것을 망각하기 때문이라고 지적한다. 일어나는 일은 늘 그렇게 일어났고 앞으로도 일어날 것인데도, 우리는 우리 힘으로 어쩌지 못하는 것을 통제할 수 있다고 착각한다. 남에게 잘못이 있다고 믿는 사람들은 자신도 잘못을 저지른다는 사실을 망각한다. 그리고 우리는 종종 "모든 사람은 오직 현재의 순간만을 살아간다는 사실을 잊고, 그렇게 현재를 잃는다."[10]

현재에 살 때 비로소 우리는 자신을 찾고 자아의 진정한 중심을 발견한다. 자신이 스스로 선택하지 않고 다른 사람의 의견에 따라 살아가면 삶의 중심이 외부에 있는 것처럼, 우리가 현재를 살지 않으면 삶의 중심은 아직 오지 않은 미래로 밀쳐진다. 이 순간에 집중한다는 것은 미래의 상태나 외부적인 것들을 바라지 않고 자신의 중심을 잡는다는 것을 의미한다. 그것이 프로소케를 통해 얻을 수 있는 스토아적 행복과 기쁨의 열쇠이다. 현재의 삶을 미래로 미루지 말자. 현재의 삶 속에서 미래를 봐야지, 미래에 집착하여 현재를 잊어서는 안 된다. 미래의 삶만 계획하다가 현재의 삶을 놓칠 수는 없지 않은가.

6장

시간을 잘 쓰는 법:

삶을
미루지 말라

"자신의 자유를 주장하라. 지금까지 빼앗기거나, 도둑맞거나, 흘려보낸 시간을 다시 모아 지켜내야 한다. (……) 삶의 어떤 순간은 남에게 빼앗기고, 어떤 순간은 누군가에게 도둑맞고, 또 어떤 순간은 그냥 스쳐 지나간다. 하지만 그중에서도 가장 부끄러운 것은 바로 우리의 부주의로 잃어버리는 시간이다. 자세히 살펴보면, 우리가 삶을 제대로 살지 못할 때 많은 시간이 흘러가고, 아무 것도 하지 않을 때도 시간은 우리를 떠난다. 그러나 우리가 주의를 기울이지 않을 때, 우리는 그 모든 것을 잃는다."

-세네카, 《윤리에 관한 서한집》, 1.1.

쓸모없는 일에 쫓길수록
시간의 노예가 된다

현대인들은 매우 바쁘게 생활한다. '일'이나 '사업'을 의미하는 영어 낱말 비즈니스business가 바쁘다는 뜻의 '비지busy'와 연관 있는 것처럼, 현대사회에서 일은 매우 빠르게 효과적으로 처리된다. 바쁘다는 것은 일이 많거나 서둘러 해야 해서 딴 겨를이 없다는 의미다. 바쁜 생활이 일종의 삶의 주요 지표처럼 되었다는 사실은 우리의 시간관이 근본적으로 변했음을 말해준다. 전통 사회에서는 여유 있게 사는 게 '좋은 삶'의 징표였다면, 현대사회에서는 바쁘게 사는 것이 잘 사는 것이다.

사람들은 정신없이 몰두해서 일해야 뭔가를 했다고 생각한다. 바쁘지 않으면 제대로 살고 있지 않다고 여긴다. 현대인은 시간을 중요한 자본이라고 생각한다. 짧은 시간 동안에도 뭔가를 하지 않으면 귀중한 자산을 잃어버린다고 여긴다. 고등학생 시절에 교정에 걸려 있던 플래카드의 문구가 생각난다. "가장 바쁜 사람이 가장 많은 시간을 가진다." 시간은 흘러가면 돌아오지 않으니 소중하게 써야 한다는 좋은 뜻이지만, 나는 그때도 일종의 압박감을 느꼈다. 소중한 시간을 낭비하고 있다는 불안감이 들었다. 지금도 급속도로 변하는 사회에서 스스로 변하지 않으면 단순히 정체하는 게 아니라 퇴보하는 것이라는 말이 당연시되고 있지 않은가.

현대사회는 '고속 사회high-speed society'다. 모든 것이 급속도로 이루어진다. 과학과 기술의 발전은 상상을 초월할 정도이고, 그에 따라 사회도 빠르게 변화한다. 물리적 공간을 이동하는 교통 속도도 빠르고, 인터넷을 통한 소통 속도도 빠르다. 독일 사회학자 하르트무트 로자에 따르면 모든 변화가 가속화한다. 고속 사회의 미덕은 가속화다. 발전 속도를 높이면 우리가 바라는 삶과 사회가 펼쳐질 것이라는 믿음이 미래를 향해 내달리게 만든다. 가속화 사회의 특징은 '현재의 축소'이다. 과거 경험에 기반한 기대나 미래와 확실히 일치하는 기간이 줄어든다. 과거를 성찰할 현재의 시간은 점점 감소하고, 미래는 우리가 기대하기도 전에 이미 현재에 와 있다. 엄청난 속도로 변화하는 사회에서 우리는 어떻게 삶의 중심을 잡을 수 있을까?

사회가 변화하면 우리가 서 있는 자리와 삶의 중심도 변화한다. 외부 속도에 적응하다 보면 결국에는 삶의 중심을 잃어버리게 된다. 속도는 '패스트푸드'와 '스피드 데이트'에서만 나타나는 것이 아니다. 고속열차에서 외부의 풍경을 제대로 감상할 수 없듯이 고속 사회는 우리에게 삶을 돌아보고 내면을 성찰할 시간을 허용하지 않는다. 바쁘게 움직이는 사회에서 사람들은 종종 의미 있는 성찰보다 업무 자체를 우선시한다. 언제나 쉴 새 없이 바쁘면, 지혜와 덕을 기르는 스토아학파의 핵심인 자기 성찰을 실천할 기회를 놓친다. 그렇다면 우리는 시간을 어떻게 사용해야 할까? 세네카도 시간은 현명하게 사용해야 할 귀중한 자원이라고 생각한다.

> 항상 움직이는 사람과 항상 쉬고 있는 사람 모두를 비판할 이유가 있습니다. 경쟁의 싸움에 휘말리는 것을 좋아한다고 해서 근면한 것은 아닙니다. 그것은 단지 흥분한 마음의 분주함일 뿐입니다. 모든 움직임을 귀찮게 여긴다고 해서 평온한 것은 아닙니다. 그것은 그저 느슨함과 게으름일 뿐입니다.[1]

어떤 사람들은 단지 보여주기 위해서 바쁜 척하고, 어떤 사람들은 게을러서 일하지 않으면서도 평온하기 때문이라는 평계를 댄다. 세네카에 따르면 세으른 사람은 무언가를 해야 하고, 바쁜 사람은 쉬어야 한다. 세네카도 열심히 일하는 것은 삶에 필수적인 미덕이라고 생각한다. 따라서 게으름은 악덕이다.

그런데 일을 너무 하지 않는 것도 악덕이지만, 일을 너무 많이 하는 것 역시 악덕이다. 세네카는 마치 현대사회를 관찰하듯, 바쁜 척하며 살아가는 사람들을 비판한다. 루킬리우스에게 보낸 편지에서 세네카는 답신이 늦은 이유를 이렇게 설명한다. "당신의 편지에 늦게 답장한 이유는 너무 바빠서가 아닙니다. 이 변명을 귀담아 두지 마세요! 나는 시간이 많고, 시간을 원하는 사람은 누구나 시간이 많습니다. 아무도 일에 쫓기지 않습니다. 일을 뒤쫓는 건 사람들 자신이고, 그들은 바쁘다는 걸 잘 살고 있다는 증거로 여깁니다."[2] 세네카는 자신이 즉시 답장하지 못한 이유는 루킬리우스가 제시한 문제를 성찰했기 때문이라고 말한다.

사람들은 종종 일 때문에 시간이 없다고 변명하지만, 우리를 분주하게 내모는 것은 우리 자신이지 일이 아니다. 예전에 함께 일한 한 동료는 내 연구실에 찾아와 차를 나눌 때 앉자마자 벌써 일어나려는 듯 엉덩이를 들썩거리는 이상한 버릇이 있었다. 그러면 나의 마음도 덩달아 분주해져 대화가 피상적으로 흐르곤 했다. 그 자리에 함께 있어도 정신은 딴 데 있는 듯하면, 그 사람은 현재 존재하지 않는 것과 같다. 잠시라도 진정으로 존재하려면 일에서 벗어나 멈출 줄 알아야 한다.

일에 쫓기는 사람은 시간이 없다. 이 말을 뒤집으면, 시간이 있는 사람은 일에 쫓기지 않는다. 해야 할 것을 하면서도, 하지 않아도 될 일에 쫓겨 지치지 않으려면 성찰할 시간을 가져야 한다. "고유한 성격을 가진 사람은 하찮고 굴욕적인 노동으로 지치지 않을 것이다. 그는 단지 바쁘기 위해서 일에 몰두하지 않을 것이다."[3] 바쁘기 위해 바쁜 사람은 결국 시간의 노예가 된다. 노예제도가 있었던 고대사회에서 노예는 일만 하는 사람이었다. 노예는 인간에게 주어진 필연적인 일을 수행하는 사람이었다. 그것을 넘어서 자유를 성찰하는 사람만이 진정한 자유인이었다. 현대에는 노예가 없다. 그러나 너무 바빠서 성찰할 시간이 없는 현대인은 노예처럼 살아간다. 노예처럼 바쁘게 사는 사람은 언제나 불안과 두려움에 시달린다. 무언가를 놓치고 자신만 뒤처진다는 두려움은 이제 현대인의 대표적인 병적 증상이 되었다. 이러한 불안과 두려움으로부터 벗어나 평정심을 되찾으려면 우선 생각할 시간을 가져야 한다.

주의를 기울여야
시간은 내 것이 된다

일하는 사람은 시간이 너무 없다고 불평하고, 일하지 않는 사람은 시간이 너무 많아 그 흐름을 거의 느끼지 못할 정도라고 한탄한다. 시간이 어떤 사람에겐 너무 빨리 지나가고, 어떤 사람에겐 너무 느리게 흐른다. 부지런한 사람은 시간을 잘 활용하고, 게으른 사람은 시간을 그냥 흘려보낸다. 스토아학파에 따르면 시간은 매우 소중한 재산이다. 시간을 어떻게 사용해야 진정한 나의 것이 되는가? 우리의 삶은 정해져 있어서 쓸 수 있는 시간이 유한하다. 어떤 사람은 짧은 삶을 살더라도 시간을 충만하게 사용하고, 어떤 사람은 긴 수명에도 불구하고 공허한 시간을 보냈을 수도 있다. 이유가 무엇이든 시간을 소중히 여기지 않고 무의미한 일에 삶을 낭비하는 사람이 많다. 우리는 시간을 어떻게 사용해야 할까? 이 질문은 삶에 대한 근본적인 물음이다. 우리는 어떻게 살아야 하는가?

세네카가 스토아철학에 가장 크게 기여한 책《윤리에 관한 서한집》을 여는 첫 편지는 '당신의 시간을 책임져라'라는 요청으로 시작한다.

> 자신의 자유를 주장하라. 지금까지 빼앗기거나, 도둑맞거나, 흘려보낸 시간을 다시 모아 지켜내야 한다. 내가 쓴 글이 진실이라고 확신하라. 삶의 어떤 순간은 남에게 빼앗기고, 어떤 순간은 누군가에게 도둑맞고, 또 어떤 순간은 그냥 스쳐 지나간다. 하지만 그중에서도 가장 부끄러운 것은 바로 우리의 부주의로 잃어버리는 시간이다. 자세히 살펴보면, 우리가 삶을 제대로 살지 못할 때 많은 시간이 흘러가고, 아무것도 하지 않을 때도 시간은 우리를 떠난다. 그러나 우리가 주의를 기울이지 않을 때, 우리는 그 모든 것을 잃는다.[4]

자유를 원한다면 시간을 모아서 지키라고 세네카는 권고한다. 시간을 모은다는 것은 도대체 무슨 뜻일까? 시간을 분과 초 단위로 계량적으로 쪼갤 수 있는 양으로만 보면, 수명이 긴 사람은 많은 시간을 가졌으므로 좋은 삶을 산 것일까? 시간의 의미를 느끼지 못하는 순간을 0이라고 한다면, 0이 누적된 삶은 결국 의미 없는 공허다. 짧은 순간이라도 충만하게 산다면 얇고 길게 사는 것보다 의미 있을 수 있다. 죽음을 맞이하며 뒤돌아볼 때 충만했던 순간이 많을수록, 그리고 그에 가까울수록 사람들은 행복하다고 생각한다. 그렇다면 매 순간을 의미 있고 충만하게 보내는 것이 시간을 모아서 지키는 가장 좋은 방법일 것이다. 아무것도 하지 않거나 제대로 살지 않을 때 우리는 삶의 많은 것을 놓친다. 하지만 의미 있게 보낼 수 있는 시간을 잃는 더 큰 이유가 있다. 세네카는 우리가 주의를 기울이지 않을 때 모든 것을 놓친다고 경고한다. 살아가는 나날이 사실은 죽어가는 날이라는 사실을 깨닫고 하루하루의 가치를 알고 자신의 시간에 가격을 매길 줄 아는 자만이 지혜로운 사람이다. 우리 대부분은 죽음이 우리 앞에 놓여 있다고 생각하지만, 세네카는 죽음이 이미 지나간 과거에 있다고 말한다. "많은 죽음이 이미 우리를 지나갔다. 우리의 모든 지난 삶은 죽음의 손아귀에 있기 때문이다."[5]

우리가 주의를 기울이지 않으면 시간은 덧없이 흘러간다. 시간이 죽는다. '시간을 죽이다killing time'라는 표현은 특별히 중요하거나 시급한 일이 없을 때 시간을 보내기 위해 하는 활동을 의미한다. 종종 지루해서 또는 다른 것을 기다리며 시간을 더 빨리 즐겁게 보내기 위해 뭔가를 할 때 사용하는 표현이다. 이러한 활동은 일반적으로 목표 지향적이거나 생산적이지 않다. 의미 없이 시간을 보내는 '시간 죽이기'는 우리의 주의를 딴 데로 돌리는 산만한 행위이다. 시간 죽이기로 보낸 시간은 사실 죽은 시간이다.

시간을 모으고 보존하라는 세네카의 말이 진부한 교훈처럼 들릴 수 있다. 일 자체를 오락으로 추구하는 현대인들에게는 살아 있는 순간에 주의를 기울이라는 말이 사실 낯설다. 세네카가 이 편지를 썼을 때가 네로 황제에게 자살을 강요당한 66세경이었으니 이 교훈은 자신의 삶에 대한 후회와 성찰을 담고 있다. 나는 쓸데없는 일에 삶을 낭비한 것은 아닐까? 우리가 과거 시간을 돌아보는 이유는 현재의 삶을 개선하기 위해서이다. 자신이 평생 헌신한 황제가 자살하라고 명령한 순간, 세네카는 황제에게서 해방되고자 했던 자신의 행위가 정말 충분했는지 회의한다. 세네카는 물론 두 번이나 네로 황제에게 받은 부를 돌려주고 물러나려 했지만, 황제는 매번 거절했다.

그런 상황에서 과연 세네카가 더 잘 처신할 방법이 있었는지는 의문이다. 그에게 철학이 유일한 위안이었다는 것은 분명하다. 그는 통렬한 성찰을 통해 자신의 교훈에 도달했다. 사람들은 실제 가치가 거의 없는 외적인 것들을 소중히 여기고, 삶을 구성하는 유한한 시간을 소중히 여기지 않지만, 실제로 중요한 것은 삶을 대하는 마음이다. '무엇을' 하면서 시간을 보내

나보다 더 중요한 것은 '어떻게' 시간을 보내는가이다. "삶은 그 것을 사용하는 방법을 알면 길다."⁶ 세네카는 세속적 관점에서 보면 인생의 절정기에 쓴 〈인생의 짧음에 대하여〉에서 이미 유한한 삶의 의미를 포착했다. 아직 10대인 황제 네로를 돕느라 여념이 없었던 가장 바쁜 시기에 세네카는 시간의 가치를 깨달았다.

> 우리에게 살 시간이 짧은 것이 아니라, 우리가 그 시간의 대부분을 낭비하고 있다. 삶은 충분히 길며, 시간 전체를 잘 투자한다면 가장 위대한 일을 이루는 데 충분할 만큼 우리에게 주어져 있다. 하지만 인생을 사치와 부주의한 삶으로 낭비하고, 가치 없는 추구에 시간을 허비하면, 마침내 죽음이 다가오고, 우리는 지나가는 것을 알아차리기도 전에 인생이 지나가버렸다는 것을 깨닫게 된다. 사실이 그렇다. 우리에게 주어진 인생은 짧은 것이 아니라 우리가 그렇게 만든다. 우리에게 삶이 부족한 것이 아니라 우리가 낭비한 것이다.⁷

우리의 삶은 유한하지만 뭔가를 하기엔 충분하다. 사람들은 삶의 의미를 찾는 대신 시간이 없다고, 인생이 짧다고 한탄하면서 삶을 낭비한다. 셀 수 없이 많은 방법으로 삶을 허비한다.

어떤 사람은 탐욕에 눈이 멀어 이것저것을 쫓아다니다 삶을 끝내고, 어떤 사람은 쓸데없는 일에 매달려 시간을 탕진한다. 왜 사람들은 시간을 소중하게 여기지 않고 낭비하는 것일까? "인생에서 일관된 목표가 없는 많은 사람이, 끊임없이 바뀌고 안정되지 않으며 항상 만족하지 못하는 변덕스러움으로 인해 새로운 계획에서 다른 계획으로 넘어간다."[8] 인생의 진정한 목표를 생각하지 않고 사는 것은 시간을 낭비하는 것이다. 삶의 목적이 없다면, 세네카가 인용한 어느 위대한 시인의 말처럼 "우리가 사는 삶은 아주 작은 부분이 된다. 실존의 모든 나머지는 사는 것이 아니라 단지 시간일 뿐이다."[9] 살지 않고 단지 시간을 보낸다면 진정한 의미에서 제대로 사는 것이 아니다. 시간을 충만한 삶으로 바꾸려면 목적을 갖고 매 순간 주의를 기울여야 한다.

충만한 시간은
자유를 위한 시간이다

 진정한 삶을 사는 사람은 시간을 잊고, 분주하게 삶을 허비하는 사람은 시간에 속박된다. 가장 바쁜 사람이 가장 많은 시간을 갖는 게 아니다. 시간의 속박으로부터 해방된 사람만이 충만한 시간 속에서 살아간다. 세네카가 루킬리우스에게 보낸 첫 편지의 첫 구절은 매우 상징적이다. 세네카는 한편으로 자신의 고유한 자유를 주장하라고 하면서, 다른 한편으로 시간을 모아서 지키라고 한다. "자신의 자유를 주장하라"라는 라틴어 문구는 본래 "자신을 위해 자유로워져라"라는 뜻으로, 자신을 일종의 노예 상태에서 해방한다는 것을 의미한다.
 노예제가 있었던 고대사회에서 노예에게 주어진 유일한 희망은 자유민이 되는 것이었다. 주인이 노예를 해방시켜 자유민의 권한을 부여하는 것을 '매뉴미션manumission'이라고 한다. 대표적 스토아철학자 중 한 사람인 에픽테토스도 노예로 태어났다. 네로의 비서인 부유한 자유민의 노예였던 그는 젊은 시절을 로마에서 보냈다. 에픽테토스는 주인의 허락을 받아 무소니우스 루푸스 밑에서 스토아철학을 공부했으며, 68년 네로가 죽은 후 어느 때인가 해방되어 로마에서 철학을 가르쳤다. 93년경 로마 황제 도미티아누스가 모든 철학자를 로마에서 추방했을 때 에픽테토스는 그리스 북서부의 니코폴리스로 이주하여 철학 학교를 세웠다.

로마 시대 노예의 꿈이었던 해방이 철학의 목표가 되었다는 것은 매우 역설적이다. 할 수 있는 것이 일뿐인 노예와는 달리 여가가 있는 자유로운 시민만이 철학을 할 수 있었기 때문이다. 여가는 노예와 자유인을 구별하는 핵심적 기준이다. 우리는 노예를 육체적, 물리적으로 속박된 존재로 여긴다. 몸이 물리적으로 묶여 있어도 정신은 철학을 통해 자유로워질 수 있다. 사고가 자유롭지 않으면 심리적으로 노예가 될 수 있다. 육체적 노예제도가 널리 퍼진 세상에서 내면적인 노예가 있을 수 있다는 스토아학파의 통찰은 강렬하고 충격적이다. 노예제도가 폐지된 현대사회에서 사람들이 물리적으로 해방되었어도 심리적으로는 노예로 살아갈 수 있는 것이다. 스토아철학을 창시한 제논에 따르면 "오직 현자만이 자유롭고, 모든 어리석은 사람은 노예다. 자유란 스스로 선택하고 행동할 수 있는 권리이고, 노예 상태란 그런 자유가 결여되어 있는 것이기 때문이다."[10]

스토아철학은 인간의 완전한 내적 자유를 추구한다. 현대인들을 괴롭히는 것은 내적인 노예 상태이다. 공포, 불안, 분노, 원한과 같은 부정적 감정에 휩싸여 사는 사람들은 대개 이러한 감정을 유발하는 그릇된 의견과 판단의 노예다. 마음이 감옥이다. 항상 화가 나 있고, 조금만 거슬려도 분노를 폭발하는 사람들은 부정적 감정의 노예이다. 정신없이 일하면서도 늘 불안한 사람들은 시간의 노예이다. 스토아학파는 이러한 심리적 노예 상태에서 벗어날 수 있는 유일한 길은 철학이라고 믿었다.

철학을 하려면 여가가 있어야 한다. 여가는 자유 시간이다. 아무것도 하지 않고 마음의 자유를 추구하는 시간이다.

모든 사람 중에서 철학에 시간을 바치는 사람만이 여가를 즐기고, 그들만이 진정으로 살아간다. 왜냐하면 그들은 자신의 일생만을 주의 깊게 살피는 것이 아니라 모든 시대를 자신의 시대와 합치기 때문이다. 그에 앞서 지나간 모든 세월이 자신의 세월과 합쳐진다.[11]

세네카는 시간을 충만하게 사용하는 방법을 세 명제를 통해 가르친다. 첫째, 철학에 헌신하는 사람만이 여가를 즐긴다. 둘째, 철학하는 사람만이 진정으로 살아간다. 셋째, 그러므로 진정으로 살려면 여가가 있어야 한다.

우리가 살아가는 시간은 수많은 순간의 연속이다. 똑같은 순간이라도 어떤 사람은 충만하게 사용하고, 어떤 사람은 무의미하게 흘려보낸다. 순간은 단절된 시간이다. 우리는 시간이 연속적으로 이어지면 무한히 계속될 것으로 착각한다. 삶은 탄생과 죽음이라는 사건으로 단절된 유한한 사건이고, 일생은 수많은 사건으로 구성된다. 기억할 사건이 많아지면 시간은 천천히 가고 더욱더 충만해진다.

마음이 평온한 사람들은 행복한 추억이 많다. 추억이 많다는 것은 항상 일만 하지는 않았다는 의미다. 그들은 삶을 깊이 즐길 수 있는 자유 시간이 더 많다. 우리는 평온한 자유 시간에 대체로 무엇을 하는가? 어떤 사람은 텔레비전을 보면서 시간을 죽이고, 어떤 사람은 지루함과 심심함을 달래기 위해 오락을 찾는다. 세네카는 지금 시간을 초월하여 과거의 위대한 유산과 대화하라고 권유한다. 세네카에 의하면 "마음을 넓힘으로써 인간의 약함이라는 좁은 한계를 초월하고자 한다면, 우리가 범위를 넓힐 수 있는 엄청난 시간이 있다."[12] 우리가 소크라테스와 대화하고, 에피쿠로스와 정원을 가꾸고, 스토아학파와 함께 인간 본성을 극복할 수 있다고 한다. 독서는 이렇게 마음의 지평을 넓힌다. 우리는 지금 그리고 여기라는 공간과 시간에 갇혀 있지만, 이 짧고 덧없는 시간의 흐름에서 돌아서서 소중한 과거와 교류할 수 있다.

우리의 삶은 과거와 현재와 미래로 구분된다. 바쁘기만 한 사람들은 대체로 미래만을 산다. 과거를 잊고 현재를 건너뛴다. 그들은 과거에 대한 좋은 추억이 별로 없으며, 진정한 만족은 미래에 실현될 것이라는 믿음 때문에 현재의 순간을 즐기지 못한다.

> 하지만 과거를 잊고, 현재를 무시하고, 미래를 두려워하는 사람들에게 인생은 매우 짧고 매우 힘들다. 인생이 끝나갈 때, 그들은 오랫동안 아무것도 하지 않으면서 너무 바빴다는 사실을 너무 늦게 깨닫는다.[13]

그들은 흘러가는 시간의 노예가 된 것이다. 그들이 바빴다는 것은 무언가를 열심히 했음을 말하지만, 인생의 끝에서 돌이켜 생각해보면 아무런 의미가 없는 헛된 일이었다는 것이다. 일하기는 하지만 실제로는 아무것도 하지 않는 것, 그것이 현대인이 겪는 고통이다. 현대인들은 일하면서 일의 의미를 성찰할 여가가 없다. 세네카는 여가를 가져 시간을 확장하라고 말한다. "시간이 흘러갔는가? 현자는 그것을 기억 속에 간직한다. 시간이 다가왔는가? 그는 그것을 사용한다. 시간이 오는가? 그는 그것을 예상한다. 모든 시간을 하나로 합치면 인생이 길어진다."[14] 이제 시간을 모으고 보존하라는 세네카의 말이 명료해졌다. 과거를 기억 속에 보존하고, 현재의 시간을 잘 사용하고, 미래를 예견하라는 뜻이다. 과거를 기억하고, 현재를 살고, 미래를 예견하려면 결국 여가를 만들어야 한다.

그렇다면 우리는 여가를 어떻게 보내야 할까? 여가에서는 시간의 흐름을 단절시켜 삶의 의미를 성찰할 순간을 창조해야 한다. 일하느라 자유 시간을 내지 못한다면, 자유 시간을 통해 일을 중단해야 한다. 일하면서도 결국 아무것도 하지 않는다면, 아무것도 하지 않음으로써 비로소 일의 의미를 깨달아야 한다. 이런 의미에서 의도나 목적 없이 앉아서 아무것도 하지 않는 '멍때리기'는 스토아적 묵상 행위이다. 불을 응시하거나 단순히 백일몽을 꾸는 등 아무것도 하지 않고 보내는 시간은, 너무 분주하여 스트레스와 번아웃을 겪는 현대인의 뇌가 휴식을 취하고 회복할 기회를 제공한다. 이러한 게으름은 정신을 명료하게 해주고, 불안을 줄이며, 감정적 균형을 유지하는 데 도움이 된다. 게으름은 아무것도 하지 않음으로써 삶의 본질을 깨닫게 하는 고도의 실천이다.

멍하니 불을 바라보거나 아무런 목적 없이 황혼을 보며 시간을 보내는 것을 많은 사람이 낭비로 여길 수 있다. 그러나 이러한 순간은 과거를 되살리고, 현재를 온몸으로 느끼게 하며, 다가올 미래를 예견하게 만든다. 아무것도 하지 않는 순간이 과거와 현재와 미래를 연결함으로써 시간이 확장하는 것이다. 영국 철학자 버트런드 러셀은 끊임없이 일하고 바쁘게 지내는 것에 대한 집착이 인간의 웰빙에 해롭다고 믿었다. 과도한 일이 개인의 자유, 창의성, 행복을 감소시키기 때문이다. 러셀은 여가와 게으름은 오히려 일의 압력으로부터 해방시켜서 개인적 성취에 도움을 주는 긍정적 덕목이라고 말한다. 끊임없이 일해야 한다는 강박관념에서 벗어날 때만 의미 있는 활동에 참여하고, 지적이고 창의적인 노력을 추구하고, 삶의 즐거움을 즐길 수 있다. 노동이 미덕인 현대에 진정한 자유를 원한다면, 게으름이 미덕이 될 수 있음을 알아야 한다.

7장

죽음으로 충만하게 살기:
매일 마지막 날인 것처럼 살라

"나는 무엇을 하고 있는가요? 죽음이 나를 쫓고 있다. 삶은 퇴각하고 있다. 그것에 대항할 수 있는 무언가를 가르쳐주세요! 더 이상 죽음으로부터 도망치지 않게 해주세요. 삶이 나에게서 도망치지 않게 해주세요! 어려운 일을 직면하도록 격려해주세요. 피할 수 없는 일을 받아들일 수 있는 평온함을 주세요. 남은 시간의 좁은 한계를 넓혀주세요. 삶의 선은 그것이 얼마나 긴지에 달려 있지 않고 그것을 어떻게 사용하느냐에 달려 있다는 것을 가르쳐주세요. 그리고 사람이 오래 살면서도 삶이라고 할 수 없는 것이 가능하고 사실 매우 흔한 일이라는 것을 가르쳐주세요."

-세네카, 《윤리에 관한 서한집》, 49.9-10.

삶과 죽음은
반대가 아니다

우리는 죽음이 소외된 세상에 살고 있다. 전통 사회에서는 죽음이 삶의 자연스러운 일부였으며, 공동체와 밀접하게 연결되어 있었다. 사람들이 직접적으로 죽음을 경험하고 성찰할 기회가 많았다. 장례식은 마을 공동체의 중요한 의식으로 기능했다. 죽음을 앞둔 사람은 가족과 이웃의 지지를 받으며 임종을 맞이했다. 이는 죽음을 삶 속에서 수용할 수 있도록 도왔다. 현대인들은 가정보다 병원이나 요양 시설에서 죽음을 맞는다. 죽음은 삶의 일상에서 분리되었고, 전문 의료인들이 모든 것을 위임받아 처리하게 되었다. 죽음은 가족과 공동체의 일상적 경험에서 사라졌고, 임종자는 고립된 상태에서 생의 마지막을 맞이하는 경우가 많아졌다.

현대에는 죽음을 부정하는 경향이 강하다. 죽음을 금기시하거나 두려운 주제로 여기며, 대중 매체는 죽음을 지나치게 극화하거나 비현실적으로 다루는 경우가 많다. 그래서 사람들은 죽음을 직접적으로 마주하지 못하고 죽음에 대해 성찰할 기회를 박탈당한다. 사회학자 노르베르트 엘리아스는《죽어가는 자의 고독》에서 사회의 개인화와 죽음의 병원화가 죽음을 더욱 고독한 과정으로 만들었다고 분석한다. 우리는 죽음을 회피하고 멀리하며, 생각하지 않으려 한다.

죽음이 없는 사회는 삶으로 충만한 사회인가? 젊은이들이 북적거리면 생동감이 있고, 노인들이 우글거리면 쇠퇴와 침체의 기운이 감돈다고 흔히 말한다. 반짝이는 유리와 강철로 된 고층 빌딩이 즐비한 대도시의 풍경은 살균되고 인공적으로 청소되어, 나이 든 사람들은 거의 보이지 않는다. 언제부터인지 노인과 죽음을 상기시키는 것들은 시야에서 사라진 것처럼 보인다. 눈에서 멀어지면 곧 마음에서 멀어지는 것처럼, 죽음은 우리 삶에서 사라졌다. 노년이 청년의 반대인 것처럼, 죽음은 이제 삶과 대립하는 것으로 간주된다. 삶이 충만한 곳에는 죽음이 없고, 죽음이 있는 곳에는 삶이 없다.

요즘 젊은이들이 노화와 노년의 삶에 대해 아무런 걱정이 없고 죽음을 생각조차 하지 않으면서 삶을 즐기는 것처럼 보이지만 실상은 전혀 다르다. 그들은 삶의 가치를 찾기에도 짧은 인생을 헛된 걱정으로 낭비한다. 죽음을 마음에서 지운다는 것은 죽음을 두려워한다는 것을 의미한다. 노인과 노년을 보이지 않는 곳으로 사라지게 만든다는 것은 그들과 같아질까 두려워한다는 것을 뜻한다.

노년이 비참하게 느껴지는 이유는 노년기에 겪는 허약함이나 질병 때문이 아니다. 바로 "죽음에 대한 두려움" 때문이라고 스토아철학은 말한다. 스토아철학자 무소니우스 루푸스에 따르면 죽음에 대한 공포는 "죽음이 모든 인간에게 주어진 운명이라는 사실을 망각했을 때"[1] 생겨난다. 젊고 강한 청년은 죽음에 대한 전망도 없다. 먼 훗날에야 찾아올 죽음이 시야에 들어오지 않는데 죽음을 두려워할 까닭이 없다. 그러나 청년이 자신도 언젠가 늙고 죽는다는 사실을 망각하고 살아가면 어떻게 될까? 그들도 두려워한다. 현대사회에서는 죽음에 대한 두려움이 삶에 대한 두려움으로 왜곡된다. 요즘 젊은이들은 사는 게 힘들어 죽음을 생각할 겨를도 없다고 한탄한다. 그들은 '죽도록' 일만 한다. 그렇게 그들은 매일이 죽어가는 날이라는 사실을 잊고 삶에 허덕인다.

"우리는 매일 죽어간다."[2] 세네카가 삶의 문제를 공유하고 함께 의논한 친구 루킬리우스에게 한 말이다. 우리는 먼 훗날 갑자기 죽음을 맞는다고 생각하지만, 사실 조금씩 죽음을 향해 나아간다. 매일 우리는 삶의 일부를 빼앗긴다. 아직 성장하고 있을 때조차도 우리의 삶은 줄어든다. 그리고 세네카는 이렇게 말한다. "사람은 잘 죽는 법을 모르면 잘 살 수 없다."[3]

삶은 죽음으로부터의 도피가 아니다. 죽으면 삶이 없다는 것은 분명하지만, 삶은 동시에 죽음에 이르는 과정이다. 삶에서 죽음의 모든 흔적을 제거한다고 해서 잘 살 수 있는 것은 아니다. 스토아철학의 목표는 좋은 삶이다. 잘 사는 것은 모든 사람이 바라는 것이다. 그럼 우리는 어떻게 잘 살 수 있는가? 잘 산다는 것은 무엇을 의미하는가? 이런 질문에 스토아철학은 낯설고 이해하기 어려운 촌철살인의 말을 우리에게 던진다. 잘 산다는 것은 잘 죽는다는 것을 의미한다. 세네카는 이 점에서 에피쿠로스의 말에 동의한다. "죽음을 연습하라." 세네카는 이 말의 의미를 이렇게 표현한다. "죽는 법을 배우는 것은 좋은 일이다."[4] 세네카에게 죽음을 연습하는 것은 바로 자유를 연습하는 것을 의미한다. 자유로운 삶을 원한다면 죽음을 연습하라는 것이다.

스토아철학자뿐만 아니라 고대 그리스인과 로마인에게 '메멘토 모리 memento mori'는 매우 중요한 철학적 실천이었다. '죽음을 기억하라' 또는 '네가 언젠가 죽을 것임을 기억하라'라는 뜻의 이 라틴어 표현은 인간의 유한성을 상기시키고 삶의 의미와 목적을 성찰하도록 권고하는 철학적 메시지를 담고 있다. 세네카는 "죽음을 성찰하라 meditatio mortis"라고 말한다.

언제 우리는 온전하고 건강해질까요? 언제 우리는 욕망을 절제할 수 있을까요? 우리 각자가 자신을 세고 자신의 몸을 측정하여, 자신이 실제로 얼마나 적게 그리고 얼마나 짧은 시간 동안 억제할 수 있는지 깨달을 때입니다. 그러나 인생이 짧고 불확실하다는 성찰만큼 모든 일에서 자제력을 갖는 데 도움이 되는 것은 없습니다. 당신이 무엇을 하든 죽음을 주시하십시오.[5]

세네카는 평생 결핵과 천식 같은 호흡기 질환으로 고통받았다. 어린 시절에는 자살을 생각할 정도로 고통과 불편이 극심했다고 한다. 세네카는 편지에서 고통의 순간을 생생하게 묘사한다. 병이 돌풍처럼 갑자기 그리고 강렬하게 찾아올 때마다 모든 불편과 위험이 자신의 몸을 통과하는 것처럼 느꼈다고 한다. 세네카에 따르면 병이 아니라, 생명과 영혼이 상실되는 완전히 다른 경험이었다. 의사들은 이러한 증상을 "죽음의 리허설"이라고 부른다. 세네카는 자신이 노년에 이런 이야기를 들려주는 이유는 질병에서 벗어났기 때문이 아니라고 강조한다. 그는 숨이 막히는 고통을 당할 때도 "용감하고 행복한 성찰에서 위안을 얻는 것을 멈추지 않았다"[6]라고 고백한다.

세네카나 19세기의 대표적 독일 철학자 프리드리히 니체처럼 병의 고통을 직접 겪어야만 죽음을 성찰할 수 있는 것은 아니다. 우리 인생은 삶의 유한성과 불확실성을 상기시키는 수많은 순간의 연속이다. 한 번 지나간 순간은 결코 돌아오지 않는다. 온갖 고난과 고통으로 가득 찬 듯 보이는 청년기가 지나갔다고 치유되는 것은 아니다. 의미 없이 보낸 시간은 죽은 시간이다. 시간이 지나가야만 죽음에 가까워지는 것은 아니다. 삶이 끝없이, 영원히 이어질 것이라는 생각이 우리의 삶을 죽게 한다.

죽음을 기억하라는 스토아철학은 역설적으로 삶의 진정한 목적을 성찰하라고 요구한다. 자신이 무엇을 위해 사는지에 관해 일관된 인생철학이 있으면 삶에서 성취할 가치가 무엇인지 알게 된다. 그는 삶에서 가치 있는 것을 얻기 위해 시간을 의미 있게 사용했을 것이기 때문에 아마도 그것을 얻었을 것이다. 적어도 임종을 맞이했을 때 삶에 속았다고 느끼지는 않을 것이다. 무소니우스 루푸스에 따르면 "어떤 것이 참으로 선하고 어떤 것이 참으로 악한지를 배우고 이해한 사람은 필연적으로 삶을 뒤따르는 것이 악하다고 여기지 않는다."[7] 최선의 삶을 산 사람에게도 삶의 끝은 죽음이다. 잘못 살아온 사람과 잘 산 사람의 차이는 죽음에 대한 태도에서 드러난다. 일관된 삶의 목적 없이 살아온 사람들은 필사적으로 죽음을 늦추려고 한다. 잘 산 사람은 두려움 없이 담담하게 죽음을 받아들인다. 그는 죽는 순간까지 잘 살았기 때문이다. 우리가 평생 어떻게 살았는지는 오직 마지막 숨을 내쉬는 순간에 드러난다. 삶을 뒤돌아보면서 "그래, 잘 살았어. 이것으로 충분해"라고 말할 수 있는 사람은 죽음을 두려워하지 않는다.

진정으로 살아야
나의 이야기가 있다

노인과 죽음을 보이지 않는 곳으로 몰아내고 청소한 현대사회에서는 삶의 이야기가 잘 들리지 않는다. 경쟁하듯 자신의 삶과 모습을 과시하는 트위터, 틱톡, 페이스북, 인스타그램의 이미지들은 어떤 이야기도 들려주지 않는다. 좋은 음식, 멋진 패션, 훌륭한 집, 아름다운 풍경들은 그들이 무엇을 하는지 보여줘도 어떻게 사는지는 말해주지 않는다. 반짝거리는 허상 속에 어쩌면 깊이를 알 수 없는 공허의 심연이 숨어 있는지도 모른다. 사람들은 음식을 먹기 전에 사진부터 찍고, 어떤 장소와 사건을 체험하기도 전에 사진으로 기록부터 남긴다. 무언가를 경험하기 위해 여행하는 것이 아니라 사진을 찍기 위해 여행한다. 현대인들은 로마 시대 시인 호라티우스의 유명한 구절 "카르페 디엠carpe diem"을 충실하게 실천하는 것처럼 보인다. '오늘을 잡아라', '내일은 가능한 한 믿지 말고 현재를 즐겨라'라는 뜻의 이 구절은 현재의 순간을 소중히 여기며 살아가는 현대인을 대변한다. 물론 피상적으로만 그렇다. 카르페 디엠은 무작정 현재를 즐기라는 뜻이 아니다. 지나치게 미래에 집착하거나 과거에 얽매이지 말고 순간의 가능성을 붙잡으라는 이 말은 삶의 유한성과 불확실성에도 죽음을 기억하며 현재를 진지하게 받아들이라는 '메멘토 모리'와 연결되어 있다.

 삶을 진정으로 살아야 자신만의 삶의 이야기를 창조할 수 있다. 살기도 전에 들려주는 삶의 이야기는 허구에서나 가능하다. 좋은 이야기는 하나의 일관된 주제를 중심으로 다양한 경험과 사건들이 유기적으로 연결되어 있다. 좋은 삶의 이야기에는 일관된 삶의 목적이 있다. '그는 어떤 삶을 살았을까?' '나는 어떤 삶을 살아야 하는가?' 좋은 삶의 이야기는 이런 질문을 불러일으킨다. 언젠가 그리스를 여행하면서 지중해의 작은 마을에 들른 적이 있다. 에메랄드빛 바다로 더욱 빛나는 백사장은 구릿빛으로 그을린 젊은이들로 가득했다. 삶이, 젊음이 거기에 있었다. 그러나 나의 눈길을 끈 것은 소박한 식당에 앉아 포도주를 마시며 담소하거나 체스를 하는 노인들이었다. 그들은 황혼을 바라보는 여유를 갖고 자신들의 삶을 돌아볼까? 그들은 어떤 삶을 살았을까? 나에게 자신의 삶을 이야기해줄 것 같은 여유로움이 거기에 있었다. 젊음과 노년의 절묘한 조화도 그랬지만, 노년의 평화와 여유로움을 바라보는 것은 나에게 감동적인 체험이었다. 이때 불현듯 스토아적인 생각이 떠올랐다. 삶을 이야기하기 전에 진정으로 살아라.

좋은 이야기는 진정으로 산 삶에서 나오지, 끝없이 미룬 죽음에서 나오지 않는다. 죽음에 대한 두려움 때문에 죽음을 미룬다는 것은 참으로 어리석은 일이다. 스토아철학은 죽음의 두려움으로부터 해방되기를 원한다. 왜 우리는 죽음을 두려워하는가?

> 죽은 사람은 어떤 고통도 겪지 않는다는 것을, 지하 세계를 무섭게 만드는 것들은 그저 신화일 뿐이라는 것을, 죽은 사람 위에 어둠이 드리워지지 않는다는 것을, 감옥이 없다는 것을, 불타오르는 강이 없다는 것을, 망각의 강이 없다는 것을, 법정과 피고가 없다는 것을, 그리고 그 완전한 자유의 상태에서 폭군이 다시 나타나지 않는다는 것을 깨달아야 합니다. 시인들은 이런 환상에 빠져서 공허한 공포로 우리를 괴롭혔습니다. 죽음은 모든 고통으로부터의 해방이며, 우리의 고통이 넘을 수 없는 경계입니다. 죽음은 우리가 태어나기 전에 놓여 있던 평화로운 상태로 되돌려줍니다. 죽은 사람을 불쌍히 여기는 사람은

태어나지 않은 사람도 불쌍히 여겨야 합니다. 죽음은 선하지도 악하지도 않습니다.[8]

우리는 사실 죽음을 경험할 수 없다. 죽음을 성찰할 수 있을 뿐이다. 금방이라도 으스러질 것 같은 쇠약한 노인들, 병약한 사람들, 사랑하는 가족과 친구들의 죽음을 보며 우리는 자신도 언젠가 죽을 수밖에 없다는 사실을 기억한다. 죽은 사람은 어떤 고통도 겪지 않는다. 죽음은 오히려 삶의 모든 고통으로부터의 해방이다. 죽음 그 자체는 선하지도 악하지도 않다.

세네카는 죽음을 너무 두려워하면 죽음을 회피하고 끝없이 미루려고 한다고 말한다. 사실 우리는 죽음에 대한 공포 때문에 현재를 제대로 살지 못한다. 세네카가 죽음에 대한 공포를 버리자고 하는 이유는 현재를 충실하게 살기 위해서이다. 여기서 세네카는 일종의 논리적 사고 실험을 한다. 죽음은 우리의 실존이 소멸하는 것이다. 사람들은 삶이 끝난 후에 죽음이 찾아온다고 생각한다. 세네카는 이러한 생각이 중대한 오류라고 말한다. "죽음은 사실 삶의 전후를 모두 포함합니다. 우리가 태어나기 전에 있었던 것이 무엇이었든, 그것은 죽음입니다. 끝나는 것과 시작하지 않는 것 사이에는 어떤 차이가 있나요? 양자 모두 결과가 같습니다. 실존하지 않는다는 것."[9] 우리는 태어나기 전에 아무런 존재도 아니고, 끝난 후에도 아무런 존재가 아니다. 우리가 이 삶에 던져진 것도 우리의 책임이 아니며, 우리가 이 삶을 떠나는 것도 우리의 책임이 아니다. 우리의 책임은 온전히 탄생과 죽음 사이의 실존이다.

우리가 태어나기 전에도 실존이 없는 무였다면, 우리가 온 곳으로 돌아가는 것에 무슨 나쁜 점이 있겠는가? 죽음을 두렵게 만드는 것은 죽음에 대한 우리의 생각이다. 죽음에 대한 두려움은 죽는 것을 더 어렵게 할 뿐만 아니라 우리 존재의 고귀함과 도덕적 품위를 떨어뜨린다. 키케로는 무슨 대가를 치르더라도 자기 목숨을 부지하려 하는 검투사들을 보면 사람들이 싫어한다고 말했다. 검투사들이 마치 목숨을 경멸하듯이 싸우면, 사람들은 오히려 그들이 잘되기를 바란다는 것이다. 죽음을 두려워하지 않는 사람이 오히려 삶의 가치를 보여준다. 반면 죽음을 두려워하는 사람은 삶에 합당한 일을 하지 않는다.

죽음을 성찰하면 왜 삶에 도움이 되는 것일까? 이 세상에는 죽을 때 비로소 드러나는 삶의 가치가 있다. 친구가 곁에 있을 때는 친구의 가치를 잘 모를 수 있다. 부모가 살아 계실 때 우리는 종종 부모의 사랑과 그 의미를 놓친다. 세네카는 인간의 삶은 유한한 까닭에 모든 것이 불확실하다고 말한다. 지금 곁에 있는 친구, 언제나 의지할 수 있으리라 생각한 부모가 내일 죽을 수도 있다.

우리에게 언제까지 친구가 있을지 확신할 수 없으므로 지금부터 열심히 즐깁시다. 우리가 얼마나 자주 장거리 여행을 떠나면서 그들을 두고 왔는지, 같은 장소에 살면서도 얼마나 자주 그들을 보지 못했는지 생각해봅시다. 그러면 우리는 그들이 살아 있는 동안 그들과 함께 지낼 시간을 놓쳤다는 것을 이해하게 될 것입니다. 어떤 사람들은 친구가 있는 동안에는 그들에게 주의를 기울이지 않다가, 그들이 떠나고 나면 몹시 슬퍼합니다. 이것을 견디시겠습니까? 사랑하기 위해 사람을 잃어야 하다니! 그들은 자신이 정말로 사랑했는지 의심스러울까 봐 두려워하며, 이것이 그들의 슬픔을 더욱 격렬하게 만듭니다.[10]

언제나 곁에 있을 것이라는 생각에서 친구를 소홀하게 대하는 것은 어리석은 일이다. 스토아철학의 핵심은 '있을 때 잘하자!'라는 것이다. 소중하고 고귀한 것을 상실했을 때 비로소 그 가치를 아는 것은 어리석은 일이다. 친구가 떠났을 때에야 친구에 대한 사랑을 느낀다면 무의미한 일이다. 실존할 때 실존의 의미를 깨닫고, 실존에 책임을 다하는 것이 우리에게 주어진 과제이다. 그것이 바로 죽음을 성찰하는 이유이다. 아이에게 잘 자라고 뽀뽀할 때 아이가 내일 죽을 수도 있다는 사실을 스스로 상기해야 한다는 에픽테토스의 말은 다소 극단적으로 들릴 수 있다. 하지만 모든 순간의 덧없음과 인생의 무상함을 깨달으면 살아 있는 이 순간이 더욱 소중하게 느껴진다.

죽음으로부터의 해방이
우리를 자유롭게 한다

죽음은 이중적이다. 우리가 죽음을 향해 달려가는 존재라는 사실을 성찰하고 받아들이면, 죽음은 삶의 의미를 깨닫는 중요한 계기가 된다. 그러나 죽음을 가능한 한 멀리하고 삶에 집착하면, 죽음은 우리에게 공포로 다가와서 삶을 망가뜨린다. 죽음이 삶에서 완전히 청소되어 죽음을 경험할 기회가 없는 현대인들에게도 죽음은 여전히 최고의 악이다. 현대인의 주요 정서는 불확실한 미래에 대한 불안이다. 무언가 끔찍한 일이 일어날까 두려워한다. 그런 일이 일어난다고 상상해보자. 경쟁에 뒤처지고, 직장을 잃고, 지속적 관계에 실패한다고 상상하면 상실에 대한 공포는 점점 더 커진다. 이런 상상을 끝까지 몰고가는 사고 실험을 하면 우리는 결국 죽음에 도달한다. 죽음은 글자 그대로 종말이기 때문에 이후에 더 나쁜 일이 일어나는 것을 상상하기 어렵다. 그보다 더 나쁜 것을 상상할 수 없는 죽음은 누구나 생각할 수 있는 최고의 악이다.

죽음으로부터 해방된다는 것은 죽음에 대한 공포에서 벗어난다는 의미다. 그것은 동시에 우리가 상상을 통해 미래로 조급히 달려가는 것을 막아준다. 삶에 집착하면 지금의 고통이 최악으로 치달아 죽음으로 이어질 수 있다는 공포를 가져오지만, 나는 언제든 이 세상을 떠날 수 있다고 생각하면 지금의 고통을 삶으로 승화시킬 수 있다. 죽음에 대한 두려움을 극복한 사람은 다른 사람들이 공포를 느끼는 동안에도 침착하고 당당하게 삶을 버릴 수 있다. 그러나 죽음을 두려워하는 사람은 마치 급류를 따라 내려가는 사람이 위험하고 날카로운 바위를 붙잡는 것처럼 생명을 붙잡으려 한다. 죽음을 앞둔 노인이 삶에 집착하면 남은 여생은 더욱 비참해지지만, 죽음을 자연스러운 것으로 받아들이면 여생은 공포와 고통으로부터 더욱 자유로워진다.

젊은이들은 어떤 방식으로 삶에 집착할까? 그들은 미래가 아무리 암울하더라도 성공하길 바란다. 좋은 집에서 맛있는 음식을 먹으며 때로는 여유롭게 여행을 떠날 수 있는 돈과 부를 바란다. 내일이 불확실하다는 것을 알면서도 죽음을 생각하진 않는다. 돈이 자신을 자유롭게 만들 것이라 믿지만, 자유가 무엇인지는 깊게 생각하지 않는다. 세네카는 청년이든 노인이든 모두 자유를 추구한다고 믿는다.

> 왜 저금통을 보고 있는 걸까요? 그것은 돈으로 살 수 없습니다. 그러므로 장부에 '자유'라는 항목을 기재하는 것은 의미가 없습니다. 자유는 그것을 사고파는 사람의 소유가 아닙니다. 자유는 당신이 자신에게 요청해야 하고, 스스로 주어야 하는 선善입니다. 먼저 죽음에 대한 두려움, 즉 우리 목에 씌워진 멍에인 두려움에서 벗어나십시오. 그런 다음 가난에 대한 두려움에서 벗어나십시오.[11]

자유는 돈으로 살 수 없는 것이다. 돈을 아무리 모은다고 해도 사람은 자유로워지지 않는다. 돈은 "이것으로 충분해!"라고 말할 수 있는 한계를 모르기 때문이다. 자유는 우리가 스스로 쟁취해야 하는 것이다. 그렇다면 어떻게 자유를 얻을 수 있는가? 우리의 활동에 스스로 한계를 설정할 때 우리는 비로소 자유로워진다. 더 많은 돈을 벌기 위해 오늘을 희생하는 것이 아니라 "이것으로 충분해!"라고 한계를 설정할 때 우리는 비로소 여유를 가지게 된다.

우리가 평생에 걸쳐 획득하는 것은 성격과 덕성이지 돈과 재산이 아니다. 어떻게 살 것인가를 끊임없이 성찰하는 사람은 삶에서 가치 있는 것을 만들기 위해 노력하기 때문이다. "오래 살려면 운명이 필요하지만, 잘 사는 것은 너의 성격에 달려 있다."[12] 성격은 개인의 품성이다. 이러한 품성은 마지막 숨을 쉴 때 드러난다. 죽음을 준비한 자는 결코 죽음을 두려워하지 않는다. 평생 자유롭게 살아온 것처럼 그는 죽음을 자유롭게 받아들인다.

나는 마지막에 떨지 않을 것이다. 나는 준비가 되어 있다. 나는 내 수명에 대해 전혀 생각하지 않는다. 당신이 칭찬하고 본받아야 할 사람은 삶을 즐기면서도 죽는 것을 꺼리지 않는 사람이다. 쫓겨났을 때만 떠나는 데 무슨 미덕이 있겠는가? 그러나 여기에도 미덕이 있다. 나는 실제로 쫓겨나지만 마치 스스로 떠나는 것과 같다. 그런 이유로 현명한 사람은 쫓겨나지 않는다. 쫓겨난다는 것은 떠나고 싶지 않은 곳에서 억지로 떠나는 것이기 때문이다. 현자는 아무것도 마지못해서 하지 않는다. 그는 어떤 경우든 필연성이 요구하는 것을 하기를 원하기 때문에 필연성에서 벗어난다.[13]

죽음은 이 세상을 떠나는 것이다. 우리는 쫓겨나듯 세상을 떠날 수도 있고, 자발적으로 떠날 수도 있다. 30여 년간 학교에서 봉직하고 은퇴한 어느 동료 교수에게 정년 퇴임 축하 인사를 건네자, 자신이 마치 쫓겨나는 것 같다는 심정을 토로한 적이 있다. 정해진 이치에 따라 직임에서 물러나는 것인데, 어떤 사람은 자연스럽게 받아들이고 또 어떤 사람은 원통하게 생각한다. 세네카가 말하는 것처럼 본인은 떠나고 싶지 않은데 떠나는 것은 쫓겨나는 것과 같다. 만난 자는 반드시 헤어지기 마련이라는 것을 자연의 이치로 받아들이면, 우리는 죽음을 자발적으로 떠나는 것처럼 받아들일 수 있다. 세네카에 따르면 현자는 스스로 떠나는 것처럼 죽음을 받아들인다. 그는 죽는 것을 꺼리지 않기 때문에 삶을 즐길 수 있다.

모든 감정으로부터 해방되기를 추구하는 스토아철학은 죽음에도 합리적으로 접근했다. 죽음을 아무리 많이 생각한 사람도 막상 죽음과 맞닥뜨리면 두려움을 느낀다. 수많은 철학자의 가르침, 죽음에 관한 과학적 강의, 멋진 격언도 죽음의 순간에는 진정한 힘을 보여주지 않는다. 가장 소심한 사람이라도 말은 대담하게 할 수 있다. 말로는 쉽게 할 수 있어도, 우리의 마음이 정말 죽음을 극복할 힘이 있는지는 마지막 숨을 거둘 때 드러난다. 따라서 죽음에 관한 스토아철학은 우리가 죽음을 연습할 때 지침이 될 뿐이다. 연습한 결과로 죽음에 대한 공포로부터 해방될지는 전적으로 우리에게 달려 있다.

죽음에 대한 스토아철학의 합리적 접근은 사실 매우 단순하다. 첫째, 죽음은 단지 삶의 자연스러운 한 부분일 뿐이다. 탄생하는 순간 우리는 언젠가 죽을 것이라는 자연과의 계약에 동의한 것과 같다. 필연적으로 죽을 수밖에 없는 인간은 이 필연성을 받아들일 때 비로소 자유로워진다. 세네카는 한 편지에서 임종을 맞이한 친구 아우피디우스 바수스가 죽음에 관해 한 말을 들려준다. 그는 죽음에서 불쾌하거나 두려운 것이 있다면 그것은 죽는 사람의 잘못이지 죽음 자체의 잘못이 아니라는 것을 설득하려는 듯 죽음에 관해 많은 이야기를 했다고 한다. "죽음은 모든 악에서 너무나 멀리 떨어져 있어서 모든 악에 대한 두려움을 초월한다."[14] 너무 많이 들었고 책에서도 자주 읽었지만 전혀 효과가 없었던 이러한 말을 죽어가는 친구에게서 들었을 때 너무 감동적이었다고 세네카는 고백한다.

> 그는 죽음을 두려워하는 것은 늙음을 두려워하는 것만큼 어리석은 일이라고 말했습니다. 젊음이 지나면 나이가 들고, 나이가 들면 죽음이 뒤따릅니다. 죽기를 원하지 않는 사람은 결코 살고 싶지 않았던 것입니다. 왜냐하면 삶은 죽음이라는 전제하에 우리에게 주어졌기 때문입니다. 우리는 죽음으로 향하고 있습니다. 바로 그 때문에 죽음을 두려워하는 것은 미친 짓일 것

입니다. 우리를 두렵게 하는 것은 불확실성입니다. 어떤 일이 확실한 경우 우리는 그저 기다릴 뿐입니다. 죽음은 공평하고 불가피하게 부과되는 요구입니다. 다른 사람들과 똑같은 제한을 받는다고 누가 불평한단 말입니까?[15]

둘째, 죽음은 선악의 저편에 있다. 우리는 죽음 자체를 경험할 수 없다. 죽음 이후에 일어날 일은 우리의 삶과 아무런 관련이 없다. 한 가지 분명한 사실은 우리의 몸은 죽음으로 사라진다는 것이다. 영혼에 관한 논의를 배제하면, 우리가 죽고 난 다음에는 아무것도 느낄 수 없다는 것은 분명하다. "죽음은 우리를 소모하거나 자유롭게 해줍니다. 만약 우리가 풀려난다면, 우리의 짐이 제거된 후 더 나은 일들이 우리를 기다리고 있을 것입니다. 우리가 소모된다면, 우리를 기다리는 건 아무것도 없습니다. 선과 악이 모두 사라지는 것입니다."[16]

셋째, 죽음은 탄생 이전 상태로 되돌아가는 것이다. 태어나기 이전에도 우리는 무의 존재였고, 죽음 이후에도 우리는 무의 존재로 돌아간다. 우리가 경험하는 존재가 실존이라면, 무의 존재는 모순이다. 우리는 살아 있는 동안만 존재한다. 살아 있기에 고통이 존재하고, 그래서 우리는 자유를 추구한다. 물론 죽음 이후 몸이 소멸해도 영혼은 계속 존재한다고 생각할 수 있다. 하지만 에피쿠로스학파와 마찬가지로 스토아학파는 우리에게는 육체만 존재한다고 주장한다. 그들은 모두 자연 이외에 자연을 움직이는 무언가가 존재한다는 것을 부정한다. 영혼과 육체가 모두 자연의 현상이라면 영혼도 우리의 몸과 연관되어 있음을 부정할 수 없다. 중요한 것은 죽음 이후에 설령 영혼이 살아남는다고 하더라도, 그것은 우리가 경험할 수 없는 새로운 형식의 삶이 시작한다는 의미일 뿐이라는 것이다. 결국 죽음은 우리가 두려워할 것이 아니다.

죽음의 방식을
스스로 선택하라

세네카의 글을 읽으면 스토아철학은 죽음에 너무 집착하는 것 같다는 생각이 든다. 물론 스토아철학은 죽음을 과학적으로 설명하지도 않고, 형이상학적으로 파악하지도 않는다. 스토아철학은 죽음을 성찰하라고 우리에게 조언할 뿐이다. 모든 죽음은 개인적이다. 스토아철학이 죽음의 철학을 강권하는 이유는 죽음을 성찰할 때만 개인의 삶을 충실하게 완성할 수 있기 때문이다. 매일매일이 인생의 마지막 날인 것처럼 치열하게 살면 죽음을 두려워하지 않는 성품을 갖게 된다는 것이다. 자유와 평정심을 얻고, 가능한 한 가장 충만한 방식으로 살아갈 수 있다. 그것이 스토아철학이 꿈꾸는 진정으로 행복한 삶이다.

세네카에게 중요한 것은 '삶의 질'이있다. 오늘 날처럼 노화

방지 기술을 통해 수명을 인위적으로 늘리는 것이 당연한 시대에는 스토아철학이 낯설게 느껴질 것이다. 덕성에 기반하여 행복하게 사는 데 가장 중요한 특성은 살아갈 날을 세지 않는다는 것이다. 수명이 얼마나 길든 짧든, 행복한 사람은 시간을 초월한 선과 가치를 누리기 때문이다. 삶의 질에 관하여 세네카는 흥미로운 비교를 한다. 고통을 겪지 않고 오래 산 사람이 항상 불행과 싸워온 사람보다 더 행복한가? 그는 과연 더 선하고 더 명예로운 사람인가? 세네카는 일생을 아무런 고통 없이 보내는 행운을 얻은 사람이라도 선하지 않거나 명예롭지 않다면 행복하다고 할 수 없다고 말한다. "더 행복하게 살기 위해서는 더 올바르게 살아야 한다. 그가 더 올바르게 살 여지가 없다면 더 행복할 여지도 없다. 덕은 양적인 정도를 허용하지 않으며, 따라서 덕에 의존하는 행복도 양적인 정도를 허용하지 않는다."[17]

스토아철학의 목표는 하루를 살더라도 충만하게 살자는 것이다. 인생에서 중요한 것은 도덕적 품성과 성격을 얻는 것이지 얼마나 오래 사는가가 아니다. 행복한 삶을 사는 것은 수명과 관계없이 충만하게 사는 것이다. 여기서 '도덕적' 또는 '덕스러운'이라는 말에 불편해할 필요는 없다. 고대 그리스인과 로마인에게 덕 또는 도덕은 자신의 삶과 관련하여 무엇이 옳은지를 판단하는 능력이었다. 이러한 능력 없이 단순히 오랫동안 살았을 뿐 진정한 삶을 살아본 적이 없는 노인들이 있다. 반면 불행하게도 어떤 사람들은 완전히 살기 시작하기도 전에 죽고 만다. 세상에는 더 오래 살 수 있었고 실제로 더 오래 살았어야 한다고 여겨지는 도덕적인 사람들이 있는가 하면, 아무런 의미도 없이 단순히 연명하며 오랫동안 사는 사람들도 있다. 세네카는 거듭해서 "우리의 삶을 지속 시간이 아닌 성과로 측정해야 한다"[18]라고 강조한다.

고대 그리스인들은 시간을 두 가지 관점에서 바라보았다. 하나는 선형적이고 측정할 수 있는 시간인 '크로노스chronos'다. 운동과 변화의 척도로 보며 양적으로 표현하고, 일정을 정하고, 추적할 수 있는 연대기적 시간이 바로 크로노스다. 나는 언제 태어났고, 언제 학교를 졸업했으며, 언제 결혼했다. 나는 원고를 다가오는 여름까지 끝내야 한다. 이처럼 연대기적 시간은 타임라인의 한 지점으로 시간을 측정한다. 우리가 얼마나 오래 살 것인가는 연대기적 시간의 문제이다.

다른 하나는 질적이고 주관적이며, 타임라인의 위치보다는 특정 순간의 중요성과 의미에 초점을 맞춘 '카이로스kairos'다. 본래 수사학에서 설득력 있는 주장을 전달하기 위한 적절한 순간을 설명하는 데 사용되었던 카이로스는 측정 가능한 양이 아닌 경험에 초점을 맞춘다. 사랑하는 사람과 감정을 공유하는 충만한 순간에 우리는 시간이 흘러가는 것을 잊고, 마치 시간을 초월하여 영원에 도달한 것 같은 경험을 한다. 크로노스는 시간을 관리하고 최적화해야 할 자원으로 나타내지만, 카이로스는 현재 존재하고 있음을 경험하는 충만한 순간을 의미한다. 세네카는 덕의 특성은 미래가 필요하지 않으며 자신의 날을 세지 않는다고 말하면서, "단 한순간에 영원한 축복을 누린다"[19]라고 강조한다.

현대사회에서는 크로노스가 카이로스보다 우세하다. 시간을 잘 관리하는 자가 삶에서도 성공적이라는 믿음이 널리 퍼져 있다. 마감일, 생산성 목표, 일상적 업무는 시간을 흘러가는 타임라인으로 파악한다. 요즘은 무의미한 시간의 흐름에 저항하며 '순간에' 살려는 움직임이 사람들 사이에서 일고 있다. 여기서 순간에 산다는 것이 정말 무엇을 의미하는지가 중요한 문제로 대두된다. 찰나의 쾌락과 즐거움에 빠지는 것이 순간에 사는 것인가? 순간을 무의미하게 보내면 죽음에 가까워진다는 인식이 충만한 순간의 전제 조건인가?

순간의 의미를 깨우친 사람은 인생에서 중요한 것은 '양'이 아니라 '질'이라는 것을 안다. 요즘 젊은이들은 '욜로YOLO'라는 말을 입에 달고 산다. "You Only Live Once"의 머리글자를 딴 말로, '한 번만 살지만, 제대로 산다면 한 번이면 충분하다'라는 뜻을 담고 있다. 이 말은 대체로 인생은 한 번뿐이니 즐기라는 쾌락주의의 표어처럼 사용된다. 세네카가 말했다고 해도 이상할 게 없는 이 말의 의미를 제대로 알려면 죽음의 의미를 성찰해야 한다.

> 나는 내 하루를 내 삶 전체에서 의미 있게 만들기 위해 노력합니다. 마치 그것이 마지막인 것처럼 집착하는 것은 아닙니다. 결코 그렇지 않습니다. 하지만 나는 이 하루가 실제로 나의 마지막이 될 수 있다고 생각합니다.
> 내가 삶을 즐기는 이유는 이 모든 것이 얼마나 오래 지속될지를 너무 걱정하지 않기 때문입니다. 나는 늙기 전에 잘 사는 것에 관심이 있었고, 늙어서는 잘 죽는 것에 관심이 있습니다. 잘 죽는 것은 기꺼이 죽는 것입니다. 결코 자신의 의지에 반하는 일을 하지 않으려고 노력해야 합니다.
> 사람들을 불행하게 만드는 것은 명령에 따라 행동하는 것이 아니라 그들의 의지에 반하는 행동입니다. 그러므로 어떤 상황이 요구하든 우리가 원하는 대로, 특히 슬픔 없이 우리 자신의 종말에 대해 생각할 수 있도록 우리의 마음을 정리합시다.
> 우리는 삶을 준비하기 전에도 죽음을 준비해야 합니다. (……) 내 삶은 충분히 길었습니다. 만족스러워서, 나는 죽음을 기다립니다.[20]

세네카는 루킬리우스에게 보낸 편지에서 어떻게 삶의 순간을 충만하게 할 수 있는지를 단계적으로 보여준다. 매일매일 마지막 날인 것처럼 충실하게 살다 보면 수명 자체는 중요하지 않다는 사실을 깨닫게 된다. 살아온 날을 되돌아보면서 "이것으로 충분해!"라고 말할 수 있다면 우리는 행복한 삶을 산 것이다. 세네카에 의하면 우리의 수명이 길어질 수 있는 유일한 방법은 그것이 충분하다고 생각할 때이다. 평생 충분하다고 말한 적이 없는가? 그렇다면 충만하게 살지 않은 것이다. 누구나 늙기 전에는 잘 사는 것에 관심이 있지만, 늙어서는 잘 죽는 것에 관심이 있다. 잘 죽으려면 잘 살아야 한다.

스토아철학은 잘 죽는 것에 관심이 많았다. '좋은 죽음' 또는 '죽음의 예술'이 스토아철학의 핵심 주제라고 해도 과언이 아니다. 잘 죽는 것은 기꺼이 죽는 것이다. 스토아철학은 '자기 안락사self-euthanasia'를 지지한다. 그리스 스토아철학자 제논과 클레안테스는 자살했으며, 무소니우스 루푸스도 어떻게 죽었는지 불분명하지만 살아 있을 때는 자살을 옹호했다. "할 수 있을 때 잘 죽는 것을 선택하라. 너무 오랫동안 기다리다 보면 잘 죽는 것이 불가능해질 수도 있다."[21] 오래 사는 것보다 명예롭게 죽은 게 낫다는 것이 스토아학파의 신념이었다.

자살을 강요받은 세네카도 자살을 옹호했다. 자살은 죽음의 순간을 스스로 결정하고, 죽음의 방식을 스스로 선택하는 것을 의미한다. 생명의 가치와 충만한 삶의 의미를 강조한 스토아학파가 자살을 변론한다는 것이 언뜻 모순처럼 보일 수 있다. 여기서도 기준은 살 만한 가치이다. '삶에서 가치 있는 것이 무엇인가'라는 물음을 던지면 죽음을 스스로 결정할 수 있다. 우리의 삶이 더 이상 가치 있는 삶을 허용하지 않을 때 단순히 수명을 연장하는 것은 노예처럼 사는 것과 다를 바 없다. 그러면 언제 극심한 노령을 거부하고, 종말을 기다리지 않고 자신의 의지와 행동으로 종말을 만드는 것이 적절한가? 세네카는 "신체가 더 이상 어떤 봉사도 할 수 없다면 고통받는 정신을 놓아주는 것이 적절하지 않겠는가?"[22]라고 반문한다.

> 우리의 선은 단순히 사는 데 있는 것이 아니라 잘 사는 데 있습니다. 따라서 현명한 사람은 할 수 있는 한 오래 사는 것이 아니라 해야 할 만큼 오래 삽니다. 그는 자신이 어디에서 어떻게 살지, 누구와 함께 살지, 무엇을 할지를 고려합니다. 그는 항상 자신의 삶의 양이 아니라 질에 대해 생각합니다.[23]

세네카는 물론 늙고 병들어서 너무나 고통스럽기 때문에 스스로 삶에 종지부를 찍으라고 권하는 것은 아니다. 죽음이 모든 고통으로부터의 해방인 것은 맞지만, 병을 피하기 위해 죽음을 선택하는 것은 어리석은 일이다. 병을 치료할 수 있고, 고통이 정신에 해가 되지 않는다면 고통을 견뎌내야 한다. 그러나 "내가 쉬지 않고 고통을 견뎌야 한다는 것을 안다면, 나는 고통 때문이 아니라 그것이 삶을 가치 있게 만드는 모든 것에서 나를 방해할 것이기 때문에 떠날 것이다. 단지 고통 때문에 죽는 사람은 약하고 게으르다. 단지 고통 때문에 사는 사람은 바보이다."[24] 잘 죽는다는 것은 결국 나쁘게 사는 위험에서 벗어난다는 것을 의미한다. 죽음을 앞두고 돌아봤을 때 후회 없는 삶을 살고자 노력하기 때문이다. 우리는 잘 사는 데 관심이 있지, 죽음은 가능한 한 마음속에서 지워버리려 한다. 죽음을 망각한 현대인은 잘 사는 것보다는 생존 자체에 매달리는 듯하다. 생존보다는 자신의 고유한 죽음을 성찰한 스토아학파는 역설적으로 삶을 가치 있게 만든다. 매일을 마지막 날처럼 산다면 언젠가는 반드시 옳은 삶을 살게 되기 때문이다. "오늘이 인생의 마지막 날이라면, 나는 지금 하려는 일을 하고 싶을까?" 이렇게 묻는 사람은 쓸데없는 걱정으로부터 해방되어 삶의 진정한 가치를 추구하게 될 것이다.

8장

불평과 감사:

짜증 내지 않으면
짜증 나지 않는다

"가볍게 여기면
아무것도 심각하지 않고,
자신의 짜증을 더하지 않는다면
아무것도
짜증 낼 필요가 없습니다."

-세네카,《윤리에 관한 서한집》, 123.1.

짜증은 내어서
무얼 하나

인생은 충분히 길지만, 많은 사람이 쓸데없는 일로 시간을 낭비한다. 특히 끊임없이 불평하는 사람과 함께 시간을 보내는 것보다 더 나쁜 일은 없는 것 같다. 세네카는 불평과 짜증이 불편함에 대한 단순한 감정 표출이 아니라 내면의 평온을 얻는 데 가장 큰 장애물이라고 생각했다. 세네카와 다른 스토아철학자들이 보기에 이러한 감정적 반응의 원인은 세상의 현실을 있는 그대로 받아들이지 못하기 때문이다. 불평과 짜증은 그 유발 원인보다 훨씬 더 우리의 마음을 해친다. 불평하는 사람조차도 다른 사람의 불평과 짜증을 견디지 못한다.

불평과 짜증이 얼마나 내면에 나쁜지는 늘 불평만 하는 사람 곁에서 한 시간만 보내면 알게 된다 오랜만에 친구와 함께 음식점에 갔다. 손님이 많아서 종업원이 빨리 자리를 안내하지 않자 친구는 요즘 식당은 돈 버는 데만 신경 쓰고 친절하지 않다고 구시렁거리기 시작한다. 여기서 그치지 않는다. 국이 싱겁다, 반찬이 짜다, 음식이 가격만큼 맛있지 않다고 한다. 벽에 걸린 대형 텔레비전에 아이돌 그룹이 등장하면 음악으로 불평의 주제가 옮겨간다. 주제가 아무리 바뀌어도 그는 불평거리를 찾아낸다. 그는 '만성적 불평가'다. 이러한 불평과 짜증이 다른 사람에게 유독한 영향을 미친다는 점에서 그는 '악성 불평가'다. 마음의 평온을 바란다면 이런 사람을 곁에 두지 않는 것이 좋다.

우리는 무엇이 마음에 들지 않아서 못마땅할 때 불평한다. 마음에 탐탁하지 않아서 역정을 내는 것을 짜증이라고 한다. 핵심은 마음에 들지 않는다는 것이다. 대상이 사람이든 사물이든 어떤 사건이든 좋게 여겨지지 않을 때 우리는 불평하고 짜증을 낸다. 불평과 짜증은 우리의 마음속에 우리가 경험하는 세상의 자리가 없음을 의미한다. 특정한 것에 짜증 내는 사람은 결국 모든 것에 짜증 나게 된다. 세상이 싫어진다.

왜 사람들은 불평하고 짜증 내는 것일까? 〈하버드비즈니스리뷰〉가 인용한 경영 코치 마셜 골드스미스의 연구에 따르면 회사원들 중 대부분은 상사나 고위 경영진에 대해 불평하거나 다른 사람의 불평을 듣는 데 한 달에 10시간 이상을 보낸다. 심지어 그중 3분의 1은 불평하거나 불평을 듣는 데 한 달에 20시간 이상을 보낸다.[1] 이러한 통계는 놀랍지 않다. 스트레스로 가득한 현대사회에서는 어딜 가든 투덜거리고 구시렁거리는 소리가 들리기 때문이다. 현대인들은 사회의 빠른 변화와 그 속도에 종종 압도당한다고 느끼며, 많은 사람이 좌절을 표출하는 방법으로 불평을 한다.

마음에 들지 않는 환경에 처할 때 우리는 심리적 압박을 받는다. 압박과 스트레스는 우리를 짜증 나게 만든다. 화가 나거나, 좌절하거나, 위협을 느낄 수도 있다. 이러한 부정적 감정은 몸에 축적되어 말 그대로 신체적 불편함을 만들어낸다. 불평과 짜증은 억눌린 부정적 에너지를 방출하여 불편한 감정을 사라지게 만든다. 그래서 우리는 쉽게 불평하고 짜증을 낸다. 그쪽이 비교적 쉽고, 순간적으로 기분을 좋게 만들고, 위험하지 않기 때문이다. 다른 사람이 불평할 때 같이 불평하면 일종의 동지애와 연대감이 생기기도 한다.

그러나 불평과 짜증으로 좋아진 기분은 오래가지 않는다. 불평은 또 다른 불평으로 이어지고, 짜증은 더 많은 짜증을 유발한다. 억눌린 부정적 감정을 불평으로 해소할 때 우리는 문제를 정면으로 해결하는 대신 우회한다. 우리는 불평을 촉진하는 사람에게 직접 불평하는 경우가 거의 없고, 애꿎은 친구와 가족에게 불평한다. 문제를 해결하기 위해 직접 대화하지 않고, 함께 불평할 동맹을 찾는다. 마음에 도움이 될 수 있는 길을 찾지 않고, 마음에 쌓인 부정적 기운을 잠시 빼는 것이다. 그래서 더 많이 불평하면 할수록, 시간이 지남에 따라 좌절감도 더 커진다.

불평은 여러 기능 장애를 일으킨다. 불평은 불만을 강화하고, 다른 사람들을 격노하게 만들고, 신뢰를 깨고, 불평하는 사람을 부정적으로 보이게 만든다. 불평하는 데 소비한 모든 에너지는 엄청난 시간과 생산성의 낭비일 뿐만 아니라 우리가 불평하게 된 초기의 좌절을 더욱 증폭한다. 불평은 어떤 것도 개선하지 않는다. 그런데도 순간적인 기분 완화를 위해 반복적이고 중독적으로 불평한다.

세네카는 불평과 짜증이 중독성 있는 순간적 기분 전환제라는 점에 주목한다. 아무리 현자라고 해도 불평과 짜증의 순간이 없는 것은 아니다. 스토아철학은 불평하려면 제대로 불평하라고 조언한다. 불평의 원인이 되는 사람에게 직접, 그리고 신중하게 불평해야 한다. 사사건건 불평하는 친구에게 짜증이 난다면 직접 말해야 한다. 소중한 시간을 함께 잘 보내고 싶으니 불평은 하지 말아 달라고. 물론 이렇게 말하기 위해서는 감정적 용기가 필요하다. 사람들은 대개 자신이 무력하다고 느낄 때 불평하고 짜증을 낸다. 통제할 수 없는 상황과 맞닥뜨릴 때 사람들은 짜증을 낸다. 이때 필요한 것이 바로 감정적 용기이다.

물론 짜증 나는 일에 짜증을 내지 않는 건 말처럼 쉽지 않다. 다른 사람의 불평을 들으면서 스스로 짜증 내는 일이 오히려 쉽지, 짜증 내지 말라고 용기 있게 말하는 것은 어렵다. 스토아철학에 따르면 불평과 짜증은 자신이 통제할 수 있는 것을 포기하는 나쁜 습관이다. 이러한 습관을 떨치기 위해서는 '불평하지 않고 한 달 보내기' 등을 시도해보는 것도 나쁘지 않다. 스토아철학자 에픽테토스는 실제로 이러한 실천이 효과적이라고 말한다.

> 만약 당신이 화를 내고 싶지 않다면 그 습관을 키우지 말고, 그 습관이 자랄 수 있는 무엇도 그 습관 앞에 던져놓지 말라. 무엇보다도 침착함을 유지하고, 화내지 않은 날을 세어보라. '나는 매일 화를 냈고, 그 후로는 이틀에 한 번, 그러고는 사흘에 한 번 화를 냈다.' 만약 당신이 30일 동안 그런 식으로 계속한다면 신께 제물을 바쳐라. 왜냐하면 그 습관은 먼저 약해졌고, 다음에는 완전히 파괴되었기 때문이다. '오늘 나는 어떤 괴로움도 느끼지 않았고, 다음 날도, 그리고 두세 달 동안 계속 괴로움을 느끼지 않았으며, 나에게 괴로움을 일으킬 만한 일이 일어날 때마다 경계했다.'[2]

불평과 짜증은 자기 마음에 들지 않는 외부의 자극에 대한 감정적 대응이다. 우리가 화를 낼 때와 마찬가지로 이러한 감정에는 언제나 판단이 선행한다. 식당에서 음식을 먹으면서 "조금 짜네!"라고 말한다면 그것은 불평이 아니라 단순한 사실에 대한 진술이다. 하지만 "조금 짜네! 정말 음식 못하네!"라고 말한다면 그것은 불평이다. 불평은 자신의 판단에 부정적 감정을 표출하는 것이다.

사실에 대한 평가와 부정적 감정 표출을 분리하는 연습을 하면 불평과 짜증으로 인생을 낭비하지 않을 수 있다. 사실 스토아철학은 삶 자체를 일종의 선물로 받아들이기 때문에, 설령 짜증 낼 일이 있더라도 마음을 챙기는 것이 좋다고 조언한다. 물론 이것은 "짜증은 내어서 무엇 하나, 성화는 바치어 무엇 하나"라는 경기민요 〈태평가〉의 가사처럼 인생은 일장춘몽처럼 덧없으니 놀기도 하면서 살아가자는 뜻은 아니다. 스토아철학은 단지 우리가 자연에 맞춰 살 수 있다면 짜증거리에도 마음의 평온을 잃지 않고 삶의 흐름이 원활해질 것이라고 말한다.

불평할수록
삶은 불편해진다

불평은 사회적 악성 전염병이다. 만성적 불평꾼의 소리를 듣다 보면 불평에 동조하거나 불평 자체에 짜증을 내는 자신을 발견하게 된다. 우리 주위에는 불평하면서 인생을 허비하는 사람이 많다. 프랑스 작가 볼테르가 1759년에 발표한 철학적 풍자 소설 《캉디드 혹은 낙관주의》는 이러한 사람을 매우 유머러스하고 통찰력 있게 서술한다. 작품의 주인공 캉디드는 이름의 뜻처럼 순진하고 순박한 낙천주의자이다. 그는 반쯤 찬 포도주 잔을 보면서 "아직 반이나 남았네"라고 말할 뿐만 아니라 리스본 대지진, 종교재판, 난파 같은 부정적인 상황에서도 낙관주의적 태도를 유지한다. 반면 캉디드의 동료 여행자 마르탱은 세상의 불의에 대해 불평하고 한탄하면서 인생의 대부분을 보내는 만성적 불평꾼의 완벽한 화신이다. '세상을 과연 낙관주의로 볼 것인가, 비관주의로 볼 것인가'라는 화두를 던지는 이 소설처럼 우리 사회에는 수많은 불평거리가 있다.

마음의 평온과 평정심을 추구하는 스토아철학은 낙관주의도 아니고 긍정 심리학도 아니다. 과도한 낙관주의자는 대체로 세상을 몰라도 너무 모르는 사람으로 여겨진다. 캉디드는 난파선, 여러 번의 배신, 잔혹한 고난에서 살아남은 후에도 삶의 부조리를 진지하게 성찰하는 대신 순박한 낙관주의로 도피한다. 그는 우리의 세계가 "가능한 모든 세상에서 가장 좋은 세상"이라는 라이프니츠의 낙관주의를 순진하게 받아들이며, 이러한 세상에서는 모든 일이 최선을 위해 일어난다고 주장한다. 그는 여전히 자신과 다른 사람들이 겪은 모든 고통이 궁극적으로 가장 큰 선으로 이어질 더 크고 신성한 계획의 일부라고 확신한다. 고통, 배신, 고난이 어떻게든 최선을 위한 것이라는 캉디드의 낙관주의는 주변 사람들의 구체적이고 현실적인 고통을 하찮게 여기거나 무시하게 만든다. 과도한 낙관주의는 현실을 부정하고, 세상을 희화화한다.

반면 마르탱의 끊없는 비관주의와 불평은 너무 과장되어 캉디드의 순진한 낙관주의와 희극적 대조를 이룬다. 마르탱은 부정적으로 세상을 바라보고 인간 존재의 공포를 지적할 기회를 놓치지 않는다. "낙관할 이유가 없다. 세상은 썩은 곳이고, 나아지지 않을 것이다." 마르탱은 모든 것에서 최악만을 보려고 고집하는 부정성의 인물이다. 그의 비관주의는 어느 정도 실제 개인적 고통에 뿌리를 두고 있지만, 일종의 스스로 만든 감옥이 된다. 그는 불평할 이유를 찾는 데 평생을 보내며, 주변의 아름다움이나 단순한 즐거움을 놓친다. 과도한 비관주의는 현실의 고통과 불행에 짓눌려 마음을 감옥으로 만든다.

우리의 문제는 결코 캉디드의 낙관주의를 취할 것인가 아니면 마르탱의 비관주의를 취할 것인가가 아니다. 실존의 문제는 부인할 수 없는 고통과 불행에도 마음을 챙기고 자신의 삶을 사랑할 수 있느냐는 질문이다. 세네카는 "가볍게 여기면 아무것도 심각하지 않고, 자신의 짜증을 더하지 않는다면 아무것도 짜증 낼 필요가 없습니다"[3]라고 말한다. 마음에 들지 않는 일이 생기더라도 평정심을 잃지 않고 삶의 목표를 향해 나아갈 수 있다는 것이다. 여기서 무엇보다 중요한 것은 나를 둘러싼 사회적 환경이다. 우리 사회가 불평과 짜증의 독으로 오염되어 있으면, 나 홀로 불평하지 않고 짜증 내지 않기가 쉽지 않다.

우리는 잘못을 참는 법을 모르기 때문에 잘못을 겪지 않도록 주의해야 한다. 우리와 친밀한 사람들은 매우 차분하고 편하게 어울리기 쉬운 사람이어야지, 긴장하거나 괴팍한 사람이어서는 안 된다. 우리는 가까운 동료들에게서 습관을 배우기 때문이다.[4]

불평과 짜증은 전염되는 악성 질병과 같다. 불평하는 사람과 어울리면 스스로 불평하게 된다. 만성 불평꾼은 미국의 코믹 만화《피너츠》에 등장하는 '픽펜Pig-Pen'이라는 인물과 같다. 픽펜은 가는 곳마다 먼지와 흙구름을 일으킨다. 불평꾼은 우리의 마음을 더러운 먼지로 뒤덮는 사회적 질병이다. 우리 마음을 어지럽히고 더럽히는 인물들은 다양하다. 세네카는《화에 대하여》에서 이러한 유형의 인물들을 열거한다. 오만한 사람은 경멸로, 입이 거친 사람은 모욕으로, 제멋대로인 사람은 상처를 줌으로써, 못된 사람은 악의로, 공격적인 사람은 툭하면 싸움을 벌이는 짓으로, 거짓말하는 허풍쟁이는 허영심으로 우리의 감정을 상하게 한다. 우리는 의심 많은 자가 미심쩍은 눈길로 쳐다보는 것을 참지 못하고, 고집 센 사람이 기어코 이기려 드는 것을 참지 못하고, 지나치게 세련된 자가 코끝을 치켜들고 무시하는 것을 참지 못한다. 세네카는 불평하지 않으려면 불평하지 않는 사람을 곁에 두어야 한다고 말한다. "솔직하고, 마음씨 좋고, 자제할 줄 아는 사람들을 친구로 선택하라. 그들은 너의 화를 자극하지도 않을 것이고 너의 화를 참아주지도 않을 것이기 때문이다."[5]

우리 마음을 불편하게 만드는 것은 주위의 불평꾼만이 아니다. 우리 스스로도 마음을 어지럽힌다. 불평과 짜증이라는 나쁜 질병의 조짐이 보이면 스스로 의사가 되어 치료해야 한다. 무엇이 자신을 가장 초조하게 만들고 짜증 나게 만들었는지 원인을 분석해야 한다. 외모를 중시하는 사람은 다른 사람의 외모 지적질에 화가 나고, 명예를 중시하는 사람은 다른 사람의 인정 여부에 신경을 곤두세운다. 모욕적인 말에 흥분하는 사람이 있고, 남이 자기에게 반항하는 것을 못 참는 사람도 있다. 누구나 똑같은 일에 불평하고 짜증을 내는 것은 아니다. 불평하고 짜증을 내는 자신의 약점이 무엇인지 알아야 마음을 평온하게 보호할 수 있다.

> 당신은 여전히 무언가에 대해 짜증이 난다. 당신은 여전히 불평한다. 여기서 유일하게 정말 나쁜 것은 당신의 짜증과 불평이라는 것을 깨닫지 못하는가? 내 의견을 묻는다면, 사물의 자연스러운 과정에서 사람이 끔찍하다고 생각하는 것이 없다면 아무것도 끔찍할 수 없다. 내가 무언가를 참을 수 없는 날은 내가 더 이상 나 자신을 참을 수 없는 날이 될 것이다.[6]

연인과 데이트하기로 한 날 갑자기 감기에 걸렸다. 몇 년째 수입이 줄었다. 옮긴 직장의 동료들 성격이 끔찍하게 좋지 않다. 나는 고통과 불안에 시달린다. 이것은 우리에게 일어나는 일들이다. 이 일들은 내가 통제할 수 있는 것이 아니다. 일어날 일들이 우연히 일어났다고 불평하고 짜증 낼 것이 아니다. 세네카는 일어날 일이 일어나는 것은 자연스러운 과정이라고 말한다. 문제는 이 일들을 받아들이는 나의 태도다. 끔찍하게 생각하면 끔찍한 일이 되는 것이고, 끔찍하게 생각하지 않는다면 불평하고 짜증 내지 않아도 된다. "내가 무언가를 참을 수 없는 날은 내가 나 자신을 참을 수 없는 날이다"라는 세네카의 말처럼 문제는 나다.

우리의 긴 인생에는 먼지, 진흙, 비가 포함되듯이 고통과 불행이 있기 마련이다. 세네카에 의하면 고통에 스스로 고통을 더하는 것처럼 어리석은 일은 없다. 삶에는 불평과 짜증이 따르기 마련이라면 불평에 불평을 더할 필요는 없다. 세네카가 루킬리우스에게 쓴 것처럼 "나에게 무슨 일이 일어나든 슬퍼하거나 침울한 표정을 짓지 않고 받아들일 것"이 중요하다. "기꺼이 모든 세금을 낼 것입니다. 우리를 싫음하게 하고 두렵게 만드는 모든 것은 삶의 세금일 뿐입니다."[7] 인생에 피할 수 없는 어려움이 있을 수밖에 없다는 것은 자연의 이치이다. 자연에 따라 평온하게 살아가려면 예상할 수 있는 사소한 일에 불평하는 대신 어려움을 받아들일 수 있는 용기가 있어야 한다. 투덜거리면서 인생을 낭비하는 시간에 내가 할 수 있는 일이 무엇인지 찾는다면 불평거리는 줄어들지 않을까.

감사할 줄 알아야
행복과 가까워진다

우리는 자신이 이룬 모든 것은 자신의 능력과 노력으로 성취했다고 믿는 능력주의 사회에 살고 있다. 능력주의는 모든 것을 온전히 자기 힘으로 해야 하고 또 할 수 있다는 믿음이다. 오늘날 자유와 평등에 기반한 민주주의 사회에 광범위하게 퍼진 능력주의의 매력은 "누구나 자기 운명의 주인이 될 수 있고, 자수성가할 수 있다"라는 말에 숨어 있다. 능력주의의 이상은 개인의 책임에 견디기 힘든 부담을 준다. 자수성가는 종종 좌절과 고통을 겪으면서 자업자득으로 바뀐다. 모든 일을 혼자 힘으로 해내야 한다면 칭찬의 대상도 나고 비난의 대상도 나 자신이다. 능력주의 사회는 우리가 더불어 살아가는 데 가장 필요한 '감사'의 미덕을 파괴한 듯하다. 전통 사회에서 좋은 집안에 태어났다면 자신의 특권이 큰 행운임을 인정할 것이다. 반면 능력주의가 허용하는 최정상까지 자신의 능력과 노력으로 올라갔다면, 우리는 자신의 성공이 물려받은 게 아니라 쟁취한 것이라는 점을 자랑스러워할 것이다. 현대의 능력주의 사회는 감사를 모른다.

능력주의 사회에서 우리는 다른 모든 사람을 경쟁자로 본다. 경쟁자에게 도움을 받는다는 것은 어불성설이다. 경쟁에서 이긴 사람은 자신이 능력자라고 믿는 오만에 빠지고, 진 사람은 자신이 능력도 없고 노력도 하지 않은 게으른 패배자라고 인식한다. 승자에게는 오만한 자신감을 불어넣고 패자에게는 모욕적인 좌절감을 주는 능력주의 사회에서 '호의', '혜택', '감사'라는 단어는 발붙일 곳이 없다. 우리가 받은 몫과 혜택이 운의 결과라고 생각하면 보다 겸손해질 수 있는데, 완벽한 능력주의는 감사의 마음을 제거한다. 감사의 마음이 제거되면 사회적 공동체에 필연적인 공간과 연대, 그리고 사랑의 능력도 약해진다.

그런데 우리가 함께 살아가는 사람들을 사랑하지 않고, 그들로부터 받은 선물과 선행에 감사하지 않고 과연 좋은 사회를 만들 수 있을까? 세네카는 무엇보다 감사와 사랑을 강조한다. 냉정하고 금욕적이라는 편견과는 달리 스토아철학은 사랑과 애정이 인간의 원초적인 감정이라고 생각한다. 현대인들은 사랑을 주로 '낭만적 사랑'에 수반되는 에로틱한 감정으로 받아들이지만, 로마 스토아학파는 특정 종류의 사랑인 '필로스토르기아philostorgia'를 강조했다. 이 그리스 용어는 '가족적 사랑'이나 '인간적 애정'으로 옮길 수 있다. 가족 구성원 사이의 사랑은 인류 전체로 확대될 수 있다. 세네카는 사랑이 가족과 공동체, 그리고 인류 사회를 가능하게 하는 핵심 덕성이라고 말한다. "우리가 각 개인을 아껴야 하는 이유는 우리 인간이 사회적 연합을 형성하기 위해 태어났으며, 애정을 가지고 각 부분을 보호하지 않으면 사회가 건강하게 유지될 수 없기 때문이다."[8]

사랑은 항상 감사를 불러일으키고, 감사는 언제나 사랑으로 이어진다. 이제까지 전적으로 간과된 스토아학파의 미덕은 감사라는 자연스러운 감정이다. 사람들이 서로 사랑한다는 사실은 자연법칙이며, 인간 공동체와 사회의 자연적 기반을 제공한다. 우리는 사랑하는 사람들과 함께 있고 싶어 하며, 미워하고 싫어하는 사람들과 함께 사는 것은 고통이라고 생각한다. 사랑하는 사람들은 서로 주고받는 혜택과 호의에 고마워하기 때문이다. 사랑과 감사는 자연스러운 연대를 만들 뿐만 아니라 우리가 겪는 고통과 불안을 줄여준다. 세네카에 따르면 "불안은 감사하는 마음에 적합하지 않다. 최고의 자기 확신과 진정한 사랑에 대한 인식으로 모든 걱정을 제거해야 한다."[9]

불안과 걱정을 없애는 명상은 어쩌면 감사에 대한 성찰인지도 모른다. 마르쿠스 아우렐리우스의《명상록》은 매우 인상적인 표현으로 시작한다. "나의 할아버지 덕분에 나는 순하고 착한 마음씨를 갖게 되었다." 마르쿠스 아우렐리우스는 자신이 살아가는 데 도움이 된 교훈과 덕성의 출처를 일일이 밝힌다. 아버지에게서 겸손과 남자다운 기백을 배우고, 어머니를 통해 나쁜 짓뿐만 아니라 나쁜 생각도 삼가는 마음을 갖게 되었고, 개인 교사로부터는 적은 것으로 만족하고 내 일은 내가 하고 남의 일에 끼어들지 않는 법을 배웠다고 한다. 마르쿠스 아우렐리우스는 무엇보다 철학자 스승 섹스투스 엠피리쿠스를 언급하는데, 그에게서 "자연에 맞게 사는 것이 어떤 것인지"를 배웠다고 한다. "그는 분노나 다른 격정의 기미를 드러낸 적이 없었고, 격정pathos로부터 자유로우면서도 동시에 더없이 정감이 넘쳤으며, 칭찬하되 요란을 떨지 않았고, 박식하되 과시하지 않았다."《명상록》제1장 전체는 자신이 받은 도움과 교훈에 대한 감사의 표현이다. 그의 감사는 아버지에서 시작하여 신으로 끝난다. "이 모든 것에는 신들과 행운의 도움이 필요하기 때문이다."[10]

감사의 말은 요즘 공식적 행사에서 의례적으로 던지는 상투어로 전락했다. "누구 덕분에 제가 이 자리까지 오게 되었습니다"라는 말을 사람들은 진부하게 여기지만, 은혜나 도움을 뜻하는 '덕분德分'은 사실 좋은 말이다. '덕분'은 덕을 나눈다는 뜻이다. 자신이 받은 호의와 은혜에 고마운 마음으로 보답하면 나쁜 감정보다는 좋은 감정이 생긴다. 사람은 누구나 친절한 사람에게 마음의 문을 열고, 감사하는 사람을 애정으로 대하게 된다. 이런 점에서 감사는 가장 위대한 덕일 뿐만 아니라 다른 모든 미덕의 어머니라고 해도 과언이 아니다.

반면 감사할 줄 모르는 것은 악덕 중에서 최고의 악덕이다. "엄청나게 심각한 악덕이 많은 가운데, 은혜를 모르는 마음에서 비롯된 악덕보다 더 흔한 것은 없다는 것은 놀라운 일이 아닙니다."[11]

세네카 시대에 감사는 매우 자연스러운 사회적 실천이었다. 당시 부유한 로마 후원자들(파트로누스)은 재정적, 사회적 또는 정치적으로 혜택이나 호의를 베풀어줄 피후원자(클리엔테스)를 두는 것이 관례였다. 공화정 로마의 파트로누스는 클리엔테스에게 각종 편의를 제공해주고 그 대신 클리엔테스는 파트로누스에게 표를 주었다. 클리엔테스-파트로누스의 관계상 파트로누스는 주로 명망 있는 장군, 재력가 또는 귀족인 경우가 많았고, 클리엔테스는 병사, 노동자, 농민 등의 평민층이었다. 혜택은 종종 상환되거나 어떤 식으로든 반환되었으므로 혜택을 주고, 감사하게 받고, 혜택을 반환하는 전체적인 사회적 규범과 순환이 존재했다. 이러한 감사의 사회적 실천은 사회적 갈

등을 줄이고, 공감과 연대를 강화했다.

감사는 실제로 마음을 평온하게 만든다. 현대 긍정 심리학의 연구에 따르면 감사는 행복감을 증대한다. 감사는 대체로 우리에게 좋은 사람이 누구인지, 무엇이 우리의 삶에 좋은지를 분명하게 확인하기 때문에 삶의 선을 늘린다. 좋은 것은 늘어나고, 나쁜 것은 줄어든다. 감사할 줄 알면 불평이 줄어드는 이유이다.

> 우리는 할 수 있는 모든 감사를 보이기 위해 최선을 다해야 합니다. 감사의 좋은 점은 우리 자신의 것이기 때문입니다. 결국 감사는 (일반적으로 믿어지는 것처럼) 정의가 아닙니다. 정의는 다른 사람에게 해당하지만, 감사의 좋은 점은 대부분 자신에게 돌아갑니다. 다른 사람을 돕는 사람은 누구나 자신을 돕습니다.[12]

우리가 감사하는 마음을 갖기 위해 노력해야 하는 이유는 분명하다. 다른 사람의 호의에 감사하고, 감사한 마음으로 호의에 보답하고, 다른 사람에게 호의를 베푸는 행위가 선순환을 이루면 우리는 결국 자신의 실존에 감사하게 된다.

우리가 감사해야 할 것은 실제로 너무 많다. 나는 현직에 있을 때 집에서 학교까지 가능한 한 걸어 다녔다. 반 시간 정도 걷는 거리였는데, 처음에는 건강을 생각하여 선택한 길이 나중에는 엄청난 삶의 기쁨이 되었다. 길을 걸으면 모퉁이에 그림자를 드리우는 나무가 철마다 바뀌는 모습이 보이고, 이름 모를 들꽃이 피었다 지는 과정이 느껴졌다. 화창한 날에는 눈부신 햇살, 하얀 구름이 떠 있는 날에는 구름 속의 파란 호수, 그리고 비 내리는 날에는 나뭇잎에 떨어지는 빗방울 소리에 내가 살아 있음을 강렬하게 느꼈다. 나는 이 모든 것에 감사했다.

세네카에 의하면 감사에는 여러 종류가 있다. 첫 번째는 다른 사람에게 고마워하는 '개인적 감사'다. 감사의 대상은 다른 사람이 나에게 베풀어준 선물과 선행이다. 단지 길을 물었을 뿐인데 목적지까지 친절하게 동행하여 길을 알려준 사람에게 고마워하지 않을 사람이 어디 있겠는가? 전혀 생각하지 못했는데 "여행 중에 네가 생각나서 사 왔어" 하면서 건네는 조그만 선물은 우리 마음을 따뜻하게 만든다.

두 번째는 '비인격적 우주적 감사'다. 고마움의 대상이 다른 사람이 아니라 자연, 우주, 그리고 실존 자체이기 때문에 비인격적이다. 나는 종종 사계절이 뚜렷한 한국 날씨에 감사한다. 사계절이 없으면 어떻게 여름의 뜨거움과 겨울의 눈꽃을 경험할 수 있겠는가?

마지막으로 신적인 감사가 있다. 신을 어떻게 파악하든, 우리는 신을 궁극적으로 베푸는 존재로 여긴다. 우리에게 삶을 허락한 신에게 감사하기도 하지만, 때로는 죽을 수밖에 없어 짧은 삶의 의미를 찾아야 하는 운명에 감사한다.

이러한 감사의 미덕을 잃을수록 우리는 점점 더 불평하게 된다. 불평하고 짜증만 내는 사람은 '삶의 가치'를 묻지 않는다. 감사하는 사람만이 삶의 중요한 가치를 인정한다. "모든 사람이 감사하는 법을 아는 것은 아닙니다. 사려 깊지 않거나 교육받지 못한 사람이나 일반 대중도 은혜를 알아볼 수 있으며, 특히 혜택을 받은 지 오래되지 않았을 때는 더욱 그렇습니다. 하지만 은혜의 범위는 모릅니다. 오직 현명한 사람만이 각각의 것에 어떤 가치를 부여해야 하는지 압니다."[13]

스스로 가치를 부여할 줄 아는 사람은 시시각각 변하는 세상일에 더 초연하다. 소중한 가치를 돌보고 보존하는 데 열중하면 사소한 일에 대한 불평으로 시간을 낭비하지 않기 때문이다. 이미 가지고 있는 것에 감사할 줄 아는 지혜로운 사람만이 사랑하는 법을 안다. "현명한 사람은 자신이 얼마나 받았는지, 누구에게서, 언제, 어디서, 왜, 어떻게 받았는지 마음속으로 재고할 것이다. 그래서 우리는 현자만이 감사하는 법을 알고, 현자만이 혜택을 베푸는 법을 안다고 말한다."[14] 불평하는 대신 세상에 조금 더 보탬이 되려면 우선 감사하는 법을 배워야 한다.

9장

너는
너 자신에게서
벗어날 수 없다

"장소가 아니라
마음을 바꿔야 한다.
시인 베르길리우스가 말했듯이
바다를 건너고,
'땅과 도시가 사라지더라도'
당신의 잘못은
당신이 가는 곳마다
따라다닐 것이다."

-세네카, 《윤리에 관한 서한집》, 28.1.

자신으로 떠나는 여행

현대인들처럼 여행과 자아를 연결하는 사람도 많지 않다. 물론 장소의 이동이 여행이라면, 과거 사람들도 여행을 많이 했다. 당시 사람들은 살기 위하여 이리저리 옮겨 다녔다. 일정한 거처를 정하지 않고 삶의 터전을 찾아 옮겨 다니는 사람을 유목민이라고 한다. 현대인들은 유목민의 삶에서 자유를 보지만, 유목민은 사실 음식을 얻거나 가축을 위한 목초지를 찾는 등 생계를 유지하기 위해 한 곳에서 다른 곳으로 이동할 뿐이다. 유목민을 뜻하는 프랑스어 낱말 '노마드nomade'는 방랑하다 또는 목초지를 찾기 위해 떠돈다는 뜻의 고대 그리스어 '노마스nomás'에서 유래했다. 유목주의는 근본적으로 삶의 이동이다. 어디를 가든 거기에는 삶이 있고, 삶의 문제가 있다.

현대인들은 유목주의를 자유로운 삶으로 미화한다. 이른바 '노마디즘', 즉 유목주의는 특정 방식이나 삶의 가치관에 얽매이지 않고 끊임없이 새로운 자아를 찾아가는 것을 뜻한다. 현대인들은 자아와 자유를 찾아 끊임없이 이동한다. 여행은 자신이 사는 거주지를 떠나 다른 곳으로 떠나는 것이다. 세상을 돌아다니며 구경하는 '유람'이나 다른 고장의 풍경과 풍습 또는 문물 따위를 구경하는 '관광'을 목적으로 떠나기도 하지만, 현대인들은 여행을 통해 궁극적으로 자신을 찾기를 바란다. 이러한 여행이 대체로 자아로부터의 도피임을 깨닫기까지는 오래 걸리지 않는다. 어디를 가든 거기에는 자아가 없다.

인생은 자기 자신에게 가는 하나의 여행이다. 진부하고 단순하지만 매우 적절한 비유다. 그러나 자기 자신을 찾는 길은 험난하며 온갖 장애물이 도사리고 있다. 인생은 여행보다는 탐험에 비유하는 것이 더 알맞다. 위험을 무릅쓰고 무언가를 찾는 것을 탐험이라 한다. 그런데 현대인들은 편안하게 여행하면서 자신을 찾으려 한다. 많이 본다고 자신을 찾는 게 아니고, 여러 곳을 돌아다닌다고 진정한 자아가 찾아지는 게 아니다. 내면을 탐험하는 위험을 무릅쓰지 않으면 결코 자신을 찾지 못한다. 이러한 스토아철학의 관점은 마르쿠스 아우렐리우스의 《명상록》에 잘 나타난다. 마르쿠스 아우렐리우스가 게르마니아 전선에서 여러 해를 보내고 자신을 성찰하면서 쓴 이 책의 본래 제목은 "자기 자신에게 ta eis heauton"이다. 성찰을 동반하지 않는 여행은 결코 우리를 자신에게 인도하지 않는다.

세네카는 자신을 찾으려면 장소가 아니라 마음을 바꾸라고 말한다. 관광이 되어버린 오늘날의 여행은 외부 사물에 초점이 맞춰져 있다. 여행하는 곳이 아무리 낯설고 진귀할지라도 그곳의 외적인 풍경과 문물에 마음을 빼앗기면 내면을 성찰할 겨를이 없다. 이것은 현대인의 문제만은 아닌 것 같다. 세네카는 루킬리우스에게 보낸 편지에서 여행의 문제점을 매우 예리하게 집어낸다. "이런 일이 당신에게만 일어났다고 생각하십니까? 그렇게 광범위한 여행을 했음에도 불구하고, 그렇게 다양한 지역을 여행했는데도, 당신의 마음에서 우울함과 무거움을 떨쳐내지 못했다는 사실에 놀라십니까? 마치 그것이 새로운 경험인 것처럼요!"[1] 어느 날 약간 우울해진 루킬리우스는 기분 전환을 위해 여행을 떠나고 싶었던 모양이다. 바라보는 풍경을 바꾸면 기분이 나아질 것이라고 생각하는 것은 예전 사람이나 지금 사람이나 똑같은 것 같다.

기분 전환은 주의를 딴 데로 돌리는 것이다. 우리는 업무에 시달린 머리를 식히기 위해 카페에서 커피 한 잔을 마시거나, 정신을 쏙 빼놓는 영화 한 편을 보거나, 날씨가 전혀 다른 이국으로 여행을 떠난다. 여행과 휴식은 종종 머리를 식히거나 긴장을 푸는 데 도움이 된다. 세네카도 연기가 자욱하고 공기가 오염된 로마에서 벗어나는 것이 좋다고 생각했다. 공기가 바뀌면 기분이 좋아진다. "나의 포도밭에 도착하자마자 나의 힘이 얼마나 강해졌는지 상상할 수 있나요? 방목지에 풀어놓은 동물처럼, 나는 음식을 정말 게걸스럽게 먹었습니다. 그 결과 나는 다시 완전하게 나 자신이 되었고, 신체적 불안정과 정신적 약함은 흔적도 없이 사라졌습니다. 나는 연구에 온전히 집중하기 시작했습니다."[2] 휴식과 여행의 진정한 목적은 자신을 완전히 되찾는 것이다. 온전하게 자기 자신이 되는 시간, 자신과 진정한 대화를 나눌 시간을 얻기 위해 우리는 여행을 한다.

그런데 현대인들은 산만해지기 위해 여행하는 것처럼 보인다. 이것저것을 보느라 정신이 없어 어수선하다. 산만하다는 것은 마음이나 분위기가 안정되지 못하여 불안하다는 것이다. 마음을 모으고 챙기기 위해 떠나왔는데 자신에게 집중하기는커녕 더욱 산란하다. 바깥의 사물과 풍경을 보느라 정작 자신을 보지 못한다. 현대인들은 내면의 삶에 직면하지 않기 위해 온갖 기분 전환을 추구한다. 자신의 문제를 직시하고 풀기 위해 집중해야 하는데, 문제를 외면하고 주의를 바깥으로 돌린다. 공허함, 외로움 또는 우울증을 피하려고 더 바쁘게 움직인다. 집중하지 않고 더욱 산만해진다.

자신에게 집중하는 여행은 도움이 되지만, 산만한 여행은 문제를 해결하기는커녕 더욱 키운다. 세네카가 여행이 좋다고 생각하면서도 여행이 우리를 자유롭게 해주지는 않는다고 강조한 이유는 간단하다. 내면의 문제는 우리가 어디를 가든 따라다니기 때문이다.

> 마음이 바쁜 순간에도 은둔할 장소를 유지하며 자신을 위해 시간을 내지 않는 한, 위치는 아무 소용이 없습니다. 반대로, 여가를 위해 항상 먼 곳을 선택하더라도 어디서나 당신을 산만하게 할 무언가를 찾을 수 있을 것입니다. 소크라테스는 여행이 자신에게 도움이 되지 않는다고 불평하는 사람에게 다음과 같이 대답했다고 합니다. "당신에게 맞는 말입니다. 당신은 당신 자신과 함께 여행했으니까요!"[3]

그렇다, 우리는 어디를 가든 자신과 함께 여행한다. 우리가 벗어나고자 하는 압박과 불안과 실패와 공포는 어디를 가든 따라다닌다. 모든 문제가 자신에게서 기인하는데 이국적인 경험이 무슨 소용 있겠는가? "문제에서 벗어나고 싶다면, 너에게 필요한 것은 다른 장소에 있는 것이 아니라 다른 사람이 되는 것이다."[4]

다른 사람이 되고 싶다면 자신의 문제를 직면해야 한다. 여행이 자기 자신을 돌아볼 기회를 제공한다면, 여행은 좋다. 그러나 여행이 문제로부터의 도피라면, 여행은 문제를 더욱 악화시킨다. 세네카는 이 문제를 매우 인상적으로 묘사한다. "당신은 이리저리 움직이면서 더욱 번거로워지는 짐을 떨쳐내려고 애쓰고 있습니다. 그것은 배의 화물과 같습니다. 제대로 적재하면 배에 거의 영향을 미치지 않지만, 미끄러지면 곧 한쪽이 가라앉습니다. 당신이 어떻게 행동하든, 당신은 당신 자신에게 반하는 행동을 합니다. 당신은 당신의 움직임 그 자체로 스스로 자신을 해칩니다. 왜냐하면 당신은 아픈 사람을 밀치고 있기 때문입니다."[5] 자신에게 집중하지 않는 여행은 마음을 해친다. 여행하면 할수록 결국 자신에게서 더욱 멀어지기 때문이다. 사람들은 자아를 찾기 위해 여행한다고 말하지만, 사실은 한 장소에서 다른 장소로 끊임없이 방황하고 표류할 뿐이다. 우리가 내세우는 여행의 목적인 자아 탐구와 잘 사는 지혜는 사실 어디에서나 발견할 수 있다. "잘못은 주변 환경이 아니라 마음 자체에 있다."[6] 여행은 언제나 자기 자신으로 떠나는 여행이어야 한다.

목적지가 없는 길은
길이 아니다

길은 우리를 어딘가로 데려가기 위해 존재한다. 여행을 떠나는 출발지가 있으면, 여행이 끝나는 목적지가 있다. 우리가 길을 떠나는 이유는 어딘가를 가기 위해서다. 현대인들은 종종 '길 위에 있음' 자체에 의미를 두기도 하지만, 길을 가는 도중에도 목적지는 있기 마련이다. 설령 목적지가 뚜렷하지 않고 발 가는 대로 정처 없이 걷더라도 길을 걷는 데는 목적이 있기 마련이다. 길 위에 있다는 뜻의 낱말 '도중途中'에서 한자 '도途' 자의 갑골문 원형은 본래 '내가 다니는 길'을 의미한다. 우리는 진정한 나를 찾기 위해 길을 떠나고, 나의 길을 찾기 위해 살아간다. 인생 자체가 하나의 길이라면 목적이 없을 수 없다. 인생이라는 길의 목적지는 자기 자신이다.

스토아철학은 진정한 목적지를 갖는 것이 참된 길이라고 생각한다. 우리 자신을 어딘가로 데려가지 않는다면 길이 아니다. 도달한 곳이 '더 나은 나'라면, 여행 목적지가 구체적인 장소가 아니어도 좋다. 세네카는 진정한 목적지를 갖는 여행과 그저 돌아다니는 방황을 끊임없이 대조한다. 스토아철학에서 진정한 목적지를 갖는다는 것은 매우 중요하다. 목적지가 없는 여행처럼 목적이 없는 삶은 공허하다. 진짜 목적지가 있으면 집중력과 일관성이 생겨나고, 목표에 더 가까이 다가갈 수 있다. 반대로 현실적인 목적지가 없으면 주위의 유혹에 쉽게 무너지고 산만해진다. 그 결과는 집중력 부족과 변덕 그리고 방황이다. 목적이 있을 때는 실제로 무엇을 위해 살고 있는지 알 수 있지만, 목적이 없으면 삶이 무의미해진다.

> 나는 당신이 여기저기 떠돌아다니지 않기를 바랍니다. 그 이유는 두 가지입니다. 첫째, 그렇게 자주 여행하는 것은 불안의 신호입니다. 주변을 둘러보고 헤매는 것을 멈추지 않는 한, 마음은 여유 속에서 힘을 찾을 수 없습니다. 마음을 제한 내에 유지하려면 먼저 몸이 도망가는 것을 막아야 합니다. 둘째, 가장 좋은 것은 장기간에 걸친 치료입니다. 방해받지 않고 쉬면서 이전의 삶을 잊어야 합니다. 눈이 본 것을 잊게 하고, 귀가 더 건

강한 말에 익숙해지게 하세요. 길을 떠날 때마다 목적지에 도착하기도 전에 옛 욕망이 새롭게 일어납니다.[7]

마음이 헤매는 것을 멈추지 않으면 삶은 절대로 안정될 수 없다. 방향이나 위치를 몰라 이리저리 돌아다니는 것을 방황이라고 한다. 목적지가 없으면 길에서 방황하는 것처럼 우리 마음도 목표가 없으면 안정되지 못한다. 세네카는 루킬리우스에게 희망을 보이며 이렇게 말한다. "당신은 이곳저곳을 뛰어다니면서 자신을 불안하게 하지 않습니다. 그런 식으로 분주한 것은 정신이 건강하지 못하다는 것을 나타냅니다. 내 생각에 안정된 마음의 첫 번째 신호는 한곳에 머물면서 스스로와 시간을 보낼 수 있다는 것입니다."[8] 오늘날처럼 여행과 관광이 일상화된 사회에서 멈춤과 머무름은 정말 능력의 문제가 되었다. 멈춰야 돌아볼 수 있고, 머물러야 자기 자신과 대화할 수 있다.

왜 세네카는 목적 없는 방황을 경계한 것일까? 아무런 목적지 없이 거리를 어슬렁거리면서도 성찰하는 시간을 가질 수 있지 않을까? 목적지만 강조하면 길 위에서 우연히 만나는 경험을 놓치지 않을까? 세네카가 여행의 전통적 의미만을 너무 강조하는 것 아닐까?

여행은 인간의 가장 근본적인 경험이지만, 여행의 동기와 방법은 사실 시간이 지남에 따라 진화했다. 전통 사회에서 여행은 거의 항상 명확한 목적지와 특정 목적과 관련 있었다. 실크로드는 무역 네트워크로 동서양을 연결하는 상업적 통로 역할을 했다. 마찬가지로 메카나 산티아고데콤포스텔라 같은 목적지로 떠나는 종교적 순례에는 깊은 영적 의미가 담겨 있어서 공동체의 정체성과 신앙을 강화했다. 마르코 폴로의 중국 여행기는 먼 땅에 대한 귀중한 통찰력을 제공하면서도 항상 여행 자체보다는 발견과 목적에 중점을 두었다. 이렇게 여행자의 정체성은 여행의 목표에 의해 형성되었다. 여행 경험은 목표 달성에 부차적이었다.

교통수단이 발달하여 이동 자체가 덜 위험해지고 쉬워진 현대사회에서는 여행의 동기와 의미가 변화했다. 현대인들은 대부분 도시에서 산다. 여행도 도시에서 도시에로의 이동이다. 우리를 빠르게 다른 도시로 옮겨주는 비행기 안의 기내식만큼이나 도중의 경험은 무미건조하다. 어떤 의미에서 현대인들의 여행은 도시의 거리를 떠돌아다니는 것이다. 우리는 뉴욕이나 파리의 거리를 배회하기 위해 여행한다.

19세기에 가장 현대적인 도시였던 파리에서 나타난 '플라뇌르flaneur'는 현대적 여행의 의미를 잘 말해준다. 플라뇌르는 아무런 목적 없이 거리를 어슬렁거리며 돌아다니는 배회자, 산책자 또는 보행자를 의미한다. 현대인은 도시 거리를 방황하며, 목적지가 아니라 이동 행위 자체에서 영감과 통찰력을 찾는다.

그들은 거대한 목적보다는 거리의 일상생활과 평범해 보이는 것에서 지적이고 예술적인 영감을 얻는다. 그들은 전통적인 여행자와 달리 여행을 준비하거나 계획하지 않는다. 오히려 도시의 리듬에 굴복하고 생각이 자유롭게 흐르도록 한다. 현대인들에게 중요한 것은 길 위에서 얻는 주관적 경험이지 물리적 목적지가 아니다.

물론 목적 없는 배회와 방황도 새로운 성찰의 수단이 될 수 있다. 우리는 여행 경험을 통해 세상을 이해하고 자기 자신을 발견할 수 있다. 목적을 가지고 여행하든 목적 없이 방황하든, 여행하는 행위는 자기 발견의 강력한 도구가 될 수 있다. 아무런 목적 없이 거리를 어슬렁거리는 행위가 자기 발견의 영감을 제공할 수 있다면, 여행 목적지가 없다고 해서 목적이 없는 것은 아니다. 모든 여행의 목적은 자기 자신이다. 따라서 모든 여행은 자신에로의 길이다.

세네카가 목적지가 있는 여행을 목적지가 없는 방황보다 선호한 이유는 간단하다. 멈춤과 머무름이 없는 여행은 자기 자신과의 대화를 방해하기 때문이다. 내가 처음 유럽을 여행했을 때가 생각난다. 책에서만 보던 수많은 건축물과 거리, 그리고 진귀한 소장품을 자랑하는 미술관과 박물관 모두가 나의 혼을 쏙 빼놓을 정도로 유혹적이었다. 짧은 시간 동안 이것저것을 모두 보려고 정신없이 돌아다닌 사람은 안다. 모든 것을 보려다 결국은 아무것도 보지 못한다는 사실을. 그러다 어느 미술관의 한 그림 앞에 한참 동안 서서 감상하는 어떤 사람이 눈에 들어왔다. 한동안 가만히 머무르는 그 시간이 그에겐 틀림없이 의미 있는 경험이었을 것이다. 멈추지 않으면, 머물지 않으면 어떤 감상도 진정한 경험이 되지 않는다.

세네카는 한곳에 머물며 스스로와 시간을 보낼 수 있는 능력이 안정된 마음의 첫 신호라고 강조하면서 독서를 예로 든다. 많이 읽는다고 세상을 이해하는 것은 아니다. 넓고 얕은 지식을 가졌다고 지적 대화를 할 수 있는 것도 아니다. "많은 작가와 모든 유형의 책을 읽는 것을 조심하세요. 그 안에는 변덕스럽고 불안정한 것이 있을 수 있습니다. 믿을 수 있도록 당신 안에 머물 수 있는 무언가를 얻으려면 수가 제한된 작가와 함께 지내고 그들에게서 영양을 공급받아야 합니다. 어디에나 있는 사람은 어디에도 없습니다. 항상 여행하는 사람들은 머물 곳은 많아도 우정은 없다는 것을 알게 됩니다."[9] 한 명의 철학자, 한 권의 책, 하나의 문장이 우리에게 깊은 영감을 줄 수 있다. 단, 시간을 내어 그 문장을 통해 우리 자신과 대화할 수 있어야 한다.

때로는 목적지가 있는 여행이 진부하다고 여길 수도 있다. 목적에 대한 지나친 강조는 종종 권위주의의 징표로 보이기도 한다. 물론 목적지에만 집착하면 도중에 얻을 수 있는 경험을 간과할 수 있다. 그렇지만 목적을 극단적으로 거부하면 여행 자체가 무의미해지기 쉽다. 어디를 가든, 어디에 머물든 세계 이해와 자기 성찰에 이를 수 있다면 장소로서의 목적지는 사실 중요하지 않다. 인생을 하나의 길로 생각한다면, 우리가 왜 살아야 하는지, 무엇을 위해 살아야 하는지에 대한 성찰이 그 길에서 도달하고자 하는 목적지가 될 수 있다. 세네카에 의하면 "길을 따라 여행하는 사람은 목적지가 있다. 방황은 한계가 없다."[10]

삶의 중심을 잡아주는
목적을 가져라

현대인은 수많은 유혹에 노출되어 있다. 유혹은 마음을 혼미하게 하거나 좋지 아니한 길로 이끄는 것을 말한다. 유혹은 욕망을 자극한다. 욕망은 한계가 없다. 하나의 대상에서 순식간에 다른 대상으로 옮겨가는 것이 욕망이다. 텔레비전의 수많은 여행 프로그램, 인스타그램 같은 소셜미디어의 여행 사진들은 먼 곳을 향한 우리의 동경과 욕망을 자극한다. 우리의 욕망은 광활하게 펼쳐진 사막으로 향했다가 금세 만년설로 덮여 있는 알프스로 질주한다. 사람의 발길이 닿지 않았던 세계 끝의 오지가 방송에 소개되자마자 수많은 관광객으로 몸살을 앓는다는 사실은 현대인의 욕망을 말해준다. 매우 아름다운 관광지로 유명한 스위스 동부의 베르귄에는 인스타그램 과시용 사진 촬영을 금지하는 간판이 설치되었다고 한다. "그림처럼 아름다운 풍경 사진을 소셜미디어에 공유하는 행위는 타인을 불행하게 만들지도 모릅니다. 그들은 여기에 올 수 없으니까요." 이러한 경고문이 효과가 없다는 것은 확실하다. 사람들은 다른 사람이 올린 이미지에 홀려 너도나도 똑같은 것을 경험하려고 한다.

여행에 목적지가 없을 수 없다. 이번에는 스위스 알프스라면, 다음에는 오로라를 보기 위해 아이슬란드로 향한다. 이번에는 사하라 사막에서 낙타를 타고, 다음에는 태국에서 코끼리를 탄다. 물론 이렇게 여행하면서 마음을 푸는 것은 커다란 기쁨 중 하나다. 그러나 여행의 기쁨이 진정한 만족이 되려면 우리의 마음이 여행을 즐길 수 있을 정도로 안정되고 여유가 있어야 한다. 목적지 자체가 여행의 목적은 아니다. 현대인들은 과연 무엇을 위해 여행을 많이 하려는 것인가? 이 물음에 대한 세네카의 답은 간단명료하다.

그들은 한 여행에 이어 또 다른 여행을 떠나고, 한 구경거리를 다른 구경거리로 바꾼다. 루크레티우스가 말했듯이, 이것이 각자가 끊임없이 자신으로부터 도피하는 방식이지만, 자신을 피하지 못한다면 도피의 의미는 무엇인가? 그는 자신을 에스코트하는 호위대이며, 자신을 몰아붙이는 동반자 중에서 가장 부담스러운 동반자다. 그러므로 우리는 주변의 잘못이 아니라 자신의 잘못으로 인해 고통받고 있다는 것을 깨달아야 한다. 우리는 아무것도 견뎌낼 수 없을 만큼 약하고, 어떤 수고나 즐거움도 견뎌내지 못하고, 우리 자신과 그 어떤 것도 오래 견뎌내지 못한다.[11]

여행에서 의미 있는 것을 얻으려면 마음이 그 경험에 준비되어 있어야 한다. 마찬가지로 인생에서 무엇을 얻을 수 있는지는 우리가 인생에 무엇을 가져오는지에 따라 달라진다. 어떤 삶을 살 것인가는 우리에게 달려 있다. 물론 사회와 환경의 영향을 받기도 하지만, 어떤 삶을 살 것인지는 전적으로 우리의 결정에 달려 있다. 무엇이 이런 결정을 할 수 있도록 하는가? 우리가 올바로 결정하기 위해 반드시 필요한 것은 무엇인가? 다름 아닌 삶의 목적이다. '어떤 삶을 살 것인가?' 또는 '무엇을 위해 살 것인가?'라는 물음에 대한 개개인의 대답이 바로 삶의 목적이다. 이러한 목적은 우리를 수많은 유혹으로부터 지켜주고, 끊임없이 변화하는 환경 속에서 삶의 중심을 잡아준다.

현명한 사람은 목적을 향한 단 하나의 길을 따르는 꾸준하고 차분한 삶의 방식을 추구한다. 목적이 있는 사람은 쉽게 흔들리지 않는다. 어떤 상황에서도 평정심을 유지하기 때문에 올바른 결정을 내린다. 그러나 많은 사람은 여행지를 바꾸듯이

한 목표에서 다른 목표로 옮겨 다닌다. 한때는 돈을 많이 버는 직업을 원했다가, 시간이 지나면 돈보다는 여유 있는 삶을 원한다. 우연의 바람이 여기저기로 날려 보내는 것처럼 자주 계획을 바꾼다. 인도하는 목적에 따라 자신의 삶을 계획하는 사람은 사실 극소수에 불과하다.

> 사람들이 스스로 한 계획에서 다른 계획으로 옮겨 다닐 때, 어떻게 확신할 수 있는 것이나 의지할 수 있는 것이 있겠습니까? 아니면 그렇게 하지도 않고, 그저 우연의 바람에 날려가며 삶을 맴돌고 지나갈 뿐이라면요? 자신과 자신의 소유물을 위해 의도적으로 준비하는 사람은 거의 없습니다. 나머지는 강에 떠다니는 물체와 같습니다. 그들은 전진하지 않고 흐름에 따라 움직일 뿐입니다.[12]

삶의 목적은 계획과는 다른 것이다. 직업을 선택하고, 결혼을 결정하고, 가정을 꾸리는 것은 계획의 문제이다. 직업과 결혼과 가정 자체가 삶의 목적이 될 수는 없다. 그것은 어쩌면 삶의 목적을 실현하기 위한 방도일지도 모른다. 사람들은 종종 목적이라는 말에 의구심을 품고, 목표 또는 계획과 혼동한다. 목적은 어떤 경우에도 포기하지 못하는 가치와 관련 있다. 삶

전체에 의미를 부여하는 가치를 삶의 목적이라고 할 수 있다. 어떤 욕망에도 흔들리지 않고 자연의 이치에 따라 평정심을 유지하면서 나 자신과 다른 사람을 사랑하는 것, 그것이 목적이 될 수도 있다.

삶의 목적은 밤하늘의 북극성이나 나침반과 같다. 그것은 우리가 나아가야 할 방향을 보여준다. 우리는 때로는 길을 잃기도 하고, 실수하기도 한다. 우리가 살아가며 맞닥뜨리는 장애물 자체가 삶으로 여겨지기도 한다. 험준한 장애물을 넘지 않고서는 평탄한 능선에 도달할 수 없는 것처럼, 삶이라는 길에도 수많은 위험과 장애물이 있다. 이를 극복하려면 삶의 목적이 필요하다. 길을 가로막는 강을 건너야 할지 아니면 돌아가야 할지를 알기 위해서는 방향을 파악해야 한다.

> 무엇을 추구해야 할지, 무엇을 피해야 할지 알고 싶을 때마다 당신의 가장 큰 선, 즉 당신의 삶 전체의 목표를 바라보십시오. 우리는 그 목표에 따라 모든 일을 해야 합니다. 자신의 삶 전체를 염두에 둔 사람만이 삶의 세부 사항을 정리할 수 있습니다.[13]

우리는 종종 작은 일들로 마음을 어지럽혀 삶 전체를 보지 못한다. 궁수가 화살을 쏘려면 무엇을 맞히려고 하는지 알아야 하는 것처럼, 우리는 무엇을 위해 살아야 하는지 알아야 한다. 스토아철학자들은 물론 우리가 지향해야 할 가장 큰 선이 무엇인지 알았다. 그러나 현대인들은 삶의 목적과 가치 자체를 부정하는 것처럼 보인다. 현대인들은 모두 개인적 가치를 추구한다. 그리고 삶의 목적은 사람마다 다르다고 강조한다. 목적의 상대화가 목적 자체를 부정한다고 착각하는 것이다. 분명한 것은 자신의 삶을 살고자 한다면, 원하는 것이 무엇인지 스스로 결정해야 한다는 것이다. 우리가 자신을 찾기 위해 떠나는 길은 어쩌면 자신이 진정으로 원하는 것이 무엇인지를 알고자 하는 여행인지도 모른다.

10장

내 것이
아닌 것들을
내려놓아라

"자유가 우리 앞에 놓여 있습니다. 그것이 우리가 추구하는 삶의 모습입니다. 자유가 무엇인지 묻습니까? 자유는 어떤 것의 노예도 되지 않는 것, 충동의 노예도 우연한 사건의 노예도 되지 않는 것입니다. 진정한 자유란 운명이 우리를 찾아올 때, 그 앞에 굴복하지 않고 오히려 운명과 동등하게 맞서는 것입니다! 운명의 힘이 나에게 너무 강하다는 사실을 깨닫는 그 순간, 오히려 그 힘은 나에 대해 무력해집니다. 죽음이 언제든 닿을 수 있는 거리에 있는데, 왜 행운을 참아야 합니까?"

-세네카,《윤리에 관한 서한집》, 51.9.

자유는 온전한 자신으로
살아가는 것이다

스토아철학은 진정한 행복을 얻으려면 자신만의 길을 찾아야 한다고 말한다. 스토아철학의 궁극적이고 가장 급진적인 약속은 바로 이 순간에 진정한 행복에 도달할 수 있다는 것이다. 길에 목적지가 있듯이 우리의 삶에도 목적이 있어야 한다. 그렇다고 해서 진정한 행복이 삶의 끝에서 우리를 기다리고 있는 것은 아니다. 삶은 하나의 길이고, 행복은 그 길 위에 있다. 길을 걸으면서 매 순간 건전한 성격을 개발하려는 사람은 내면의 깊은 만족과 가장 좋고 가장 오래 지속되는 행복을 소유하게 될 것이기 때문이다.

그렇다면 진정한 만족과 행복을 안겨주는 그 길을 어떻게 걸어야 할까? 어떤 사람은 돈만이 인간을 자유롭게 만들어준다며 물질적 부에 집착한다. 세네카는 《화에 대하여》에서 아비와 자식이 싸우게 만들고, 암살자들의 손에 검을 쥐여주는 것이 돈이라고 말한다. 후계자도 없이 곧 죽을 운명인데도 돈 자루 때문이 아니라 한 줌의 동전, 노예가 비용으로 청구한 은화 한 닢 때문에 무진 애를 쓰는 노인에 관해 세네카가 들려주는 이야기와 비슷한 사례는 오늘날에도 너무 많다.[1] 통제할 수 없는 외부적 요소를 중요하게 생각할수록 우리는 덜 자유로워진다.

세네카가 평정심을 찾으라고 권하는 이유는 자유를 얻을 수 있기 때문이다. 이러한 실천적 권고는 분명하지만, 권고 자체가 우리에게 큰 도움이 되지는 않는다. 오히려 우리의 평정심을 깨뜨리고 자유롭지 못하게 만드는 것을 찾는 방법이 훨씬 낫다. 우리 각자의 길은 너무 다르다. 어떤 사람의 생애는 너무 짧고, 어떤 사람의 생애는 너무 길다. 그 길에서 경험하는 고난과 고통, 장애와 방해도 다양하다. 삶의 길이와 상관없이, 그리고 삶의 내용이 어떻든 자신의 길을 찾을 때 우리는 자유롭고 행복할 수 있다.

실제로 지도자가 아니라 다른 방향으로 우리를 부르는 사람들의 불협화음과 함성을 따라 이리저리 돌아다니는 한 (밤낮으로 좋은 마음을 향해 노력하더라도 짧은) 우리의 인생은 잘못된 방향으로 낭비될 것입니다. 그러므로 우리가 어디로 향하고 있는지, 어떤 길로 가고 있는지 결정하고, 우리가 어디로 나아가고 있는지 이미 탐사한 전문가를 두도록 합시다. 여기의 조건은 다른 여행과 다릅니다. 이 여행에서는 인정받는 길과 우리의 질문에 답할 수 있는 지역 주민이 있어서 별문제가 없지만, 다른 여행에서는 가장 낡고 가장 붐비는 길이 우리를 가장 속입니다.[2]

어떻게 살아야 하는지 가르쳐줄 지도자가 있다면 좋지만, 그렇다고 지도자가 우리에게 자유와 행복을 가져다주지는 않는다. 우리는 길을 안내하는 자가 직접 길을 걷는 것을 보지는 못한다. 안내자는 나아갈 방향을 제시할 뿐, 직접 길을 걷는 것은 바로 우리 자신이다. 행복은 언제나 나의 행복이고, 자유는 언제나 나의 자유이다. 따라서 먼저 우리가 무엇을 찾고 있는지를 다룰 계획을 세워야 한다. 그다음 거기에 가장 빠르게 도달할 수 있는 길을 찾아야 한다. 그 길이 올바르다면 그 길을 따라가면서 매일 얼마나 나아갔는지, 우리의 자연스러운 욕망에 따라 얼마나 더 가까이 다가갔는지 배울 수 있다. 길을 걷지 않으면 목적지도, 그리고 목적지에 도달할 방법도 알 수 없다.

세네카는 올바른 길을 걷는 방법을 '자유'라고 한다. 우리가 그 길 위에서 자유를 실천하면, 자유는 우리를 진정한 목적지인 '행복'으로 인도한다. 물론 우리는 길 위에서 고통도 경험하고 쾌락도 느낀다. 어지럽히는 수많은 유혹도 있고, 길에서 떨어져 나가게 만드는 장애물도 있다. 이러한 고난을 겪으면서도 운명을 탓하거나 행운에 기대지 않고 자신에게 달려 있는 것을 실천하면 자유로울 수 있다.

> 누군가가 쾌락에 굴복하는 날, 그는 또한 고통에 굴복할 것입니다. 하지만 예측할 수 없으며 억제되지 않은 주인, 즉 쾌락과 고통이 누군가를 번갈아가며 소유한다면 그 사람이 얼마나 나쁘고 해로운 노예가 될지 여러분은 아실 것입니다. 그러므로 자유로 탈출해야 합니다. 그리고 자유는 운명을 무시하는 것 외에는 다른 어떤 것으로도 부여될 수 없습니다.[3]

우리의 삶은 근본적으로 자유로부터의 도피이다. 우리는 다른 사람과 비교하며 끊임없이 불평하고 자신의 삶을 살지 않는다. 시기와 질투, 분노가 영혼을 갉아먹는 부정적 감정이라는 것을 잘 알면서도, 어찌할 수 없는 본성이라고 치부한다. 수많은 일에 화내고 불평하며 결국 화내는 자신에게 더욱 화가 나면서도 감정을 다스리지 않는다. 자신의 감정과 타인의 의견에 종속된 사람은 노예이지 자유인이 아니다. 세네카가 권하는

'자유로 탈출'은 우리가 행복에 도달하기 위해 꼭 필요한 실천적 명령이다. 훗날 실존철학자 장폴 사르트르가 인간을 '자유의 선고를 받은 존재'라고 한 것처럼, 자유는 우리가 인간으로 살 수 있는 유일한 실존 조건이다.

그렇다면 자유는 무엇인가? 인간을 자유와 평등의 존재로 전제하고 바람직한 사회질서를 도출하는 현대와는 달리 세네카와 스토아철학은 철저하게 개인의 관점에서 자유를 실존적으로 이해한다. 세네카는 건전한 성격과 덕성을 함양하기 위해 노력하는 인간에게 일종의 상으로 주어지는 것이 자유라고 말한다. "자유가 우리 앞에 놓여 있습니다. 그것이 우리가 추구하는 삶의 모습입니다. 자유가 무엇인지 묻습니까? 자유는 어떤 것의 노예도 되지 않는 것, 충동의 노예도 우연한 사건의 노예도 되지 않는 것입니다."[4]

현대인들은 자유를 '~을 위한 적극적 자유'와 '~로부터의 소극적 자유'로 즐겨 구분하지만, 사실 자유를 통해 도달하고자 하는 궁극적 목적을 규정하기는 쉽지 않다. 스토아철학에서 삶의 궁극적 목적은 '잘 사는 것'과 행복한 삶이다. 세네카에 따르면 잘 살기 위해서는 자유로워야 한다. 세네카에게 자유는 그릇된 판단과 극단적으로 부정적인 감정, 화, 충동, 불행, 미래에 대한 불안, 외부적 사물에 대한 욕망의 노예가 되지 않는 것이다. 자유는 또한 자기 자신에게 속하고, 이미 완전한 삶을 살고, 자립하는 것을 의미한다. 부정적으로 표현하면, 자유는 노예 상태에서 해방되는 것이고, 긍정적으로 표현하면, 자유는 온전히 자기 자신으로 살아가는 것이다. 이러한 자유를 실천하고자 한다면 궁핍의 방해를 받을 이유가 없다. 가난하더라도 자유로울 수 있다. 세네카는 스토아철학이 약속하는 것은 "지속되는 자유, 그리고 인간이든 신이든 아무도 두려워하지 않는 것"이라고 말하면서, "굶주리더라도 그것을 추구할 가치가 없습니까?"[5]라고 반문한다.

물론 돈과 부가 가져다주는 편의를 위해 자유를 포기한다면 스토아철학은 아무런 의미가 없다. 궁극적으로 추구해야 할 가치가 무엇인지 묻고 실천하는 사람에게만 자유는 문제가 된다. 한때 노예였던 에픽테토스는 세네카 못지않게 자유에 관심이 많았다. 자유는 스토아철학의 핵심 주제였다. 자유에 관한 에픽테토스의 논의는 자유가 행복한 삶에 왜 필수적인가를 잘 보여준다.

자유가 당신에게 좋은 것으로 보입니까? — "예, 가장 큰 선입니다." 그렇다면 이 가장 큰 선을 얻은 사람이 불행하거나 나쁜 처지에 처할 수 있습니까? — "아니요, 그렇지 않습니다." 그러므로 사람들이 불행하고, 비참하고, 슬픔에 잠긴 것을 볼 때

마다 당신은 그들이 자유롭지 않다고 자신 있게 선언해야 합니다.—"저는 그렇게 선언합니다."[6]

에픽테토스에 의하면 자유로운 사람은 원하는 대로 사는 사람, 제약받거나 방해받거나 강요받지 않는 사람, 동기가 방해받지 않는 사람, 자신의 욕망을 이루며 피하고 싶은 것에 빠지지 않는 사람이다. 나쁜 성격을 가진 사람은 원하는 대로 살 수 없다. 따라서 자유롭지 않다. 슬픔과 두려움 속에서 살고, 시기와 질투를 느끼고, 얻을 수 없는 것을 원하고, 피하고 싶은 것에 빠지는 사람은 결코 자유로울 수 없다. 에픽테토스는 이렇게 묻는다. "당신은 자유를 위대하고 고귀한 것, 가치 높은 것으로 생각합니까?—"어떻게 그렇지 않을 수 있겠습니까?" 그렇다면 그렇게 위대하고 그렇게 귀중하고 그렇게 고귀한 것을 소유한 사람이 비열한 생각을 할 수 있습니까?—"불가능합니다." 자유가 독립과 자기 결정을 수반한다고 생각하십니까?—"어떻게 달리 될 수 있겠습니까?""[7] 우리는 다른 사람의 방해나 강요를 받을 때 결코 자유롭다고 말하지 않는다.

자유는 우리가 온전히 자신이 되려고 할 때 그것을 방해하는 것으로부터 해방되는 것이다. 자유롭다는 것은 자신에게 속하지 않는 어떤 것에도 방해받지 않는 것이다. 자유는 또한 걱정과 근심, 불안과 분노, 그리고 다른 감정적 고통을 유발하는 그릇된 의견에 종속되지 않는 것을 의미한다. 결국 자유는 자신의 것이 아닌 것들을 내려놓는 적극적인 행위다. 누군가가 다른 사람들의 힘에 속한 어떤 것을 원한다면, 그는 자신이 원하는 것으로 인해 방해받지 않을 수 없다.

그렇다면 사람을 방해로부터 자유롭게 하고 스스로를 자신의 주인으로 만드는 것은 무엇인가? 에픽테토스는 이렇게 질문하면서, 방해받지 않고 좋은 글을 쓰려면 '글을 쓰는 방법에 대한 지식'이 필요한 것처럼, 좋은 삶을 살려면 '삶의 기술에 대한 지식'이 필요하다고 말한다.[8] 이런 의미에서 자유는 행복에 이르는 삶의 기술이다.

행복한 삶은
자유로운 사람들의 우정에서 나온다

 자유를 가능하게 하는 자립을 사람들은 종종 고립으로 오해한다. 온전히 자기 자신에게 달려 있는 것과 자신이 통제할 수 있는 것에 집중하는 스토아철학은 언뜻 사회적 연대와 공감보다는 개인의 자유와 행복을 선호하는 것처럼 보인다. 스토아철학이 분노와 질투 같은 부정적 감정에 빠지지 말고, 명예와 부를 추구하지 말라고 권고하는 이유는 그것으로 인해 평정심이 깨질 가능성이 있기 때문이다. 스토아철학은 또한 동료와 친구를 선택할 때 조심하라고 경고한다. 사실 다른 사람들은 우리의 평온함을 깨뜨릴 힘을 가지고 있다.
 삶을 진지하게 검토하면 우리는 다른 사람들이 종종 가장 커다란 기쁨의 원천임을 발견하게 된다. 사랑과 우정은 삶이 제공하는 커다란 기쁨이다. 그러나 동시에 타인은 우리가 경험하는 가장 커다란 부정적 감정의 원인이기도 하다. 줄을 서서 기다리고 있는데 낯선 사람이 새치기하면 우리는 화가 난다. 친구들은 끊임없는 불평과 불만으로 우리를 괴롭히고, 친척들은 그들의 문제로 우리에게 어려움을 준다. 직장 상사는 모욕적인 말로 우리의 하루를 망치고, 동료의 태만과 무능력은 우리의 업무를 더욱 어렵게 만든다. 친구들이 파티에 초대하지 않아서 무시당했다고 느낄 수도 있다. 이렇게 타인은 우리의 평온함을 깨뜨린다.

  타인이 나에게 아무것도 하지 않더라도 나의 평온을 방해할 수 있다. 사르트르는 타인이 지옥이라고 말했지만, 사실 우리는 다른 사람 없이는 살아갈 수 없다. 일반적으로 우리는 다른 사람들이 자신을 좋게 생각하기를 원한다. 친구, 친척, 이웃, 동료뿐만 아니라 낯선 사람도 자신에 대해 좋은 인상과 느낌을 갖길 원한다. 그래서 우리는 외모에 신경을 쓰고, 옷을 잘 입으려 애쓰고, 좋은 동네의 좋은 집에서 살려고 노력하는 데 많은 시간과 에너지를 쓴다. 그러나 이러한 노력은 항상 어느 정도의 불안을 수반한다. 과연 제대로 선택한 것인지, 그리고 다른 사람들이 나에 대해 나쁘게 생각하는 것은 아닌지 두려워한다. 노력을 통해 다른 사람들의 인정과 존경을 얻는 데 성공하더라도, 나보다 덜 성공한 사람들이 나에게 보내는 질투로 인해 평정심이 깨질 수도 있다. 나보다 훨씬 많은 것을 가진 사람들에게 느끼는 나의 시기심도 평온을 해친다. 타인은 언제나 우리의 평온과 평정심을 깨뜨릴 가능성을 갖고 있다.

왜 타인은 우리의 평온을 방해하는 것일까? 진정한 행복을 누리기 위해서는 꼭 있어야 하는 타인이 평온과 자유를 방해한다면, 우리는 타인을 어떻게 대해야 하는가? 세네카는 그 이유를 내면의 본성보다 외부의 화려함을 추구하는 태도에서 찾는다. "웅변을 칭찬하고, 부를 추구하고, 호의에 아첨하고, 권력을 높이는 사람들을 보십니까? 모든 사람이 이미 그들의 적이거나, 곧 그렇게 될 수 있습니다. 그들을 경외하는 많은 사람이 그들을 원망합니다. 왜 나는 실천에서 좋은 것을 찾지 않습니까? 보여주기보다는 느낄 수 있는 것을 말입니다. 사람들이 바라보고, 멈춰 서서 응시하게 하고, 한 사람이 다른 사람에게 놀라서 지적하는 것들은 겉으로는 반짝이지만 속은 초라합니다."[9] 우리가 자신과 타인을 겉모습으로만 대할 때 타인은 평온과 자유에 방해가 될 수 있다.

평온을 중시한 스토아학파는 다른 사람들이 우리의 평온을 방해할 수 있는 힘을 지니고 있다는 것을 잘 알았다. 그래서 우리는 스토아철학자들이 은둔자로 살았을 것이라고 오해할 수도 있다. 하지만 스토아학파는 결코 은둔을 권하지 않았다. 인간은 근본적으로 사회적 동물이기 때문에, 다른 사람들이 일으킬 온갖 어려움에도 그들과 적절하고 건강한 관계를 유지하는 것이 우리의 사회적 의무다. 혼자 살 수 없다면, 우리는 함께 살아갈 타인을 염려하고 공감할 줄 알아야 한다. 세네카의 서한집은 친구의 문제에 공감하고, 그 문제를 함께 풀어갈 방도를 찾고, 그 과정에서 자신의 내면을 성찰하는 스토아철학의 실천을 보여준다. 깊은 우정을 보여주는 세네카의 편지들을 관통하는 것은 우정에는 우리의 삶을 변화시키는 힘이 있다는 믿음이다.

> 우정은 우리 사이에 모든 것을 포함하는 공통된 관심사를 만들어냅니다. 좋은 때나 나쁜 때가 우리 중 한 사람에게만 영향을 미치는 것이 아닙니다. 우리는 함께 살고 있습니다. 그리고 자신만 바라보고 모든 것을 자신의 이익으로 돌린다면 아무도 행복한 삶을 살 수 없습니다. 자신을 위해 살고 싶다면 다른 사람을 위해 살아야 합니다. 이러한 동반자 의식은 모든 인간을 연결해주며, 인류에게 공통 법칙이 있음을 의미합니다. 이런 동반자 의식을 신중하고 경건하게 보존한다면, 제가 말한 다른 동반자 의식, 즉 우정 내부의 동반자 의식을 유지하는 데도 크게 기여합니다. 동료 인간과 많은 공통점을 가진 사람은 친구와 모든 것을 공유할 것입니다.[10]

우정은 삶의 길을 함께 걸어간다는 동반자 의식이다. 동반자는 일하거나 길을 갈 때 함께하는 짝이다. 길을 함께 걸어가는 과정에서 맞닥뜨리는 문제들은 모두에게 영향을 준다. 세네카는 여기서 행복하게 사는 방법을 끌어낸다. 첫째, 우리는 함께 살아간다. 둘째, 자신만 바라보는 이기적 삶은 행복할 수 없다. 셋째, 자신을 위해 살고 싶다면 다른 사람을 위해서도 살아야 한다.

스토아철학은 결코 이기주의와 이타주의를 이분법적으로 구분하지 않는다. 모든 것을 자신의 이익으로 돌리는 이기주의가 그런 것처럼, 오직 타인의 선과 행복만을 위해 사는 이타주의도 우리를 행복하게 만들지 못한다. 스토아철학은 진정한 우정에서 그 모순을 해결할 방법을 찾는다. 자신을 위해 살고 싶으면 다른 사람과 함께 행복해지는 길로 가는 편이 좋은 것처럼, 진정 다른 사람을 위해 살고 싶다면 우선 자신의 삶을 잘 돌보아야 한다.

진정한 우정은 다른 사람이 자신을 찾도록 도와준다. 그 도움에 대한 보상은 같은 길을 가고 있다는 인식과 믿음의 기쁨이다. 사랑의 도파민은 며칠 가지 않지만, 우정의 관계는 평생을 간다. 사실 낭만적 사랑은 우정에서 정점을 이룬다. 그것은 상대방을 가졌다며 집착하는 사랑이 함께 있다는 동반자 의식으로 전환되는 것을 의미한다. 함께 있다는 사실, 함께 걸어가다는 사실만으로 최고의 기쁨을 얻는 우정만큼 최고의 사랑이 어디 있겠는가? 친구와 함께 있는 것은 서로의 동행을 즐기고 의미 있는 대화를 나누는 가장 좋은 방법이다. 편지를 대하는 세네카의 태도는 이러한 우정의 성격을 잘 말해준다.

당신이 그렇게 자주 편지를 써주셔서 감사합니다. 당신이 할 수 있는 유일한 방법으로 제게 자신을 보여주셨기 때문입니다. 그것은 실패하지 않습니다. 당신의 편지를 받으면 우리는 곧바로 함께할 수 있습니다. 친구가 멀리 있을 때 그의 초상화는 우리의 기억을 상쾌하게 하고 일종의 위안으로 이별의 고통을 덜어줍니다. 그림은 거짓되고 공허한 것이지만, 그것도 기쁨입니다. 하지만 우리에게 실제 흔적, 멀리 있는 친구의 실제 소식을 가져다주는 편지는 훨씬 더 즐겁습니다! 친구를 직접 만날 때 가장 달콤한 것을 친구의 손자국이 찍힌 편지에서 찾을 수 있기 때문입니다. 인정 어린 순간입니다.[11]

세네카는 진정한 편지는 얼굴을 마주하는 것과 똑같다고 말한다. 우리는 편지를 쓰듯이 친구를 대해야 한다. 세네카는 편지를 우정의 수단으로 생각한다. "당신이 쓴 편지가 도착할 때마다 저는 당신과 함께 있는 것 같습니다. 마치 제가 당신에게 단지 답장을 하는 것이 아니라 실제로 대답하는 것처럼 느낍니다. 그러니 당신이 묻는 주제를 다루고, 대화를 나눌 때처럼 그 본질을 면밀히 살펴보도록 합시다."[12] 물론 물리적으로 가깝다고 마음이 가까운 것은 아니다. 상대방의 말을 귀담아듣지 않고 동문서답하는 경우도 많다. 오랜 시간 함께했는데도 무슨 말을 하는지 모르고 말이 통하지 않는다고 생각되면 우정은커녕 관계 자체가 무의미한 것이다. 우정은 서로를 알아보는 것이다. 그것이 우리가 갈구하는 인정이다.

현대인들은 편지를 쓰지 않는다. 이메일과 소셜미디어가 발명되면서 소통이 빨라지고 효율적으로 변했지만, 우리는 무언가 중요한 것을 잃었다. 소셜미디어에서 이루어지는 대화는 구체화되지 않고 실체가 없는 느낌이 든다. 현대인들은 소셜미디어에 익숙해질수록 대면 대화를 힘들어한다. 소셜미디어 플랫폼이 우리를 수많은 사람들과 연결해주지만 우리는 그 어느 때보다 외로움을 느낀다. 소셜미디어에서 이루어지는 의사소통의 수준은 우리가 행복하기 위해 필요한 실제 대화의 수준보다 무척 낮다. 우리는 많은 말을 하지만 정작 대화는 하지 않는다. 우정은 친구의 수와도 관계가 없다. 깊고 의미 있는 대화를 나눌 수 있는 친구가 한 명이라도 있다면 우정은 우리를 더 행복하고 충만하게 한다.

친구와의 대화는 우리를 자기 성찰로 이끈다. 친구는 결코 판단하지 않는다. 자신과 다른 사람에 대한 그릇된 판단이 분노 같은 부정적 감정을 유발하는 것처럼, 판단과 지적질은 오히려 자기 성찰을 방해한다. 대화는 함께 살면서 생기는 공동의 문제를 함께 찾고 해결해가는 과정이자 수단이다. 그러므로 스스로 온갖 부정적 감정으로부터 자유로울 때 비로소 친구와 대화하고 진정한 우정을 키울 수 있다. 우정은 함께 더 좋은 사람이 되는 것이다. 세네카는 우정이 우리를 자유롭게 만든다고 말한다. 우정을 통해 내면에서 일어나는 일은 "단순히 결함을 제거하는 것이 아니라 변형"[13] 이라고 세네카는 강조한다. 변형은 다른 사람이 되는 것이다. 더 나은 사람이 되는 것이다. 타인인 친구와 함께, 친구를 통해 다른 사람이 될 수 있다는 것은 삶에서 경험할 수 있는 진정한 행복이다.

한계를 알아야
행복을 얻는다

우리가 친구와 함께 좋은 삶을 찾아가는 길의 종착지는 역설적으로 죽음이다. 좋은 삶에는 좋은 끝이 따른다. 과연 좋은 삶을 살았는지는 마지막 숨을 쉴 때 나타난다. 노년이 비참하게 느껴지는 이유는 사실 그때 겪는 노화와 질병 때문이 아니라 죽음에 대한 두려움 때문이다. 왜 우리는 죽음을 두려워할까? 스토아학파가 죽음에 관한 성찰을 삶의 중요한 기술로 파악한 이유는 죽음을 원해서도, 죽음 이후의 영생을 위해서도 아니다. 그들은 삶으로부터 더 많은 것을 얻어내기 위해 죽음을 성찰했다. 영원히 살 수 있다고 생각하는 사람은, 삶에는 한계가 있다는 것을 이해하는 사람보다 시간을 낭비할 가능성이 크다. 죽음에 대한 성찰은 결국 우리의 한계에 대한 성찰이다. 미국 작가 헨리 데이비드 소로가 주기적으로 월든을 찾은 이유도 자신이 죽음을 맞이했을 때 진정으로 살지 않았다는 것을 알게 될까 봐 두려워했기 때문이라고 한다.

우리가 행복하게 살기 위해 가장 필요한 것은 생명의 유한함을 받아들이는 것이다. 모든 것에는 한계가 있다. 우리의 능력과 우리가 통제할 수 있는 것에도 한계가 있고, 경험하는 고통과 기쁨에도 한계가 있다. 모든 것은 영원히 지속되지 않는다. 현대인들은 행복을 일시적 감정과 기분으로 생각하는 경향이 있다. 사랑하는 사람과 함께 있을 때의 감정 상태, 맛있는 음식을 먹을 때의 좋은 기분, 간절히 동경했던 곳으로 여행할 때의 들뜬 기분을 종종 행복감으로 이해한다. 물론 이러한 것들이 우리에게 기쁨을 주는 것은 사실이다. 세네카는 일시적인 기쁨과 지속적인 기쁨을 대조하면서, 오직 지속적인 기쁨만이 진정한 행복이라고 말한다.

> 기쁨이 당신의 목표지만, 당신은 길을 벗어났습니다. 당신은 부와 찬사 속에서 거기에 도달할 것으로 생각합니다. 다시 말해 당신은 불안 속에서 기쁨을 추구합니다! 당신은 행복과 쾌락을 줄 것이라는 이유로 그것들을 추구하지만, 실제로는 고통의 원인입니다.[14]

우리는 모두 기쁨과 즐거움을 추구한다. 이런 기쁨은 일시적이다. 이런 기쁨에 대한 스토아철학의 입장은 분명하다. "기쁨이 유일한 목표이면 우리는 길에서 벗어난다." 좋은 음식도 매일 먹으면 질린다. 웅장하고 아름다운 풍경도 계속 이어지면 감흥이 시들해진다. 사람들은 물질적 부와 사회적 인정을 얻으면 행복할 것으로 생각하지만, 이러한 기쁨은 동시에 불안을 유발한다. 일시적 기쁨은 언제나 새로운 고통의 원인이 된다. 세네카는 일시적 기쁨에 지속적인 기쁨을 대조시킨다. 고대 그리스인들은 진정한 행복을 '에우다이모니아$_{eudaimonia}$'로 이해했다. 이 용어는 '좋음'이라는 뜻의 '에우$_{eu}$'와 '정신' 또는 '마음'이라는 뜻의 '다이몬$_{daimon}$'의 합성어에서 유래한다. 스토아철학이 이해하는 행복은 일시적 기쁨이라는 감정 상태가 아니라 좋은 정신 상태다.

> 지혜로운 사람은 기쁨으로 가득 차 있고, 명랑하고 차분하며, 놀라지 않는다. 그는 신들과 동등한 관계에서 산다. 이제 자신을 살펴보자. 당신이 낙담하지 않는다면, 당신의 마음이 미래에 대한 어떤 희망에도 방해받지 않는다면, 당신의 정신 상태가 밤낮으로 고르고 일관되고, 똑바로 서서 자신에게 만족한다면, 당신은 참으로 인간적 선의 충만함을 얻은 것이다.[15]

세네카에 의하면 지혜로운 사람만이 진정한 행복을 누린다. 모든 사람이 행복을 삶의 목표로 삼고, 행복을 '잘 사는 것well-being'으로 이해하지만, 무엇이 행복이고 지속적인 기쁨인지에 대한 설명은 저마다 다르다. 보통 사람들은 쾌락, 명예, 부와 같은 평범하고 명백한 것으로 생각한다면, 지혜로운 사람은 마음과 덕성과 연관 있는 것으로 파악한다. 마음을 다스리지 않으면 우리의 기쁨은 지속되지 않는다. 세네카와 스토아철학의 관점은 분명하다. 모든 방향과 모든 종류의 쾌락을 추구한다면, 우리는 지혜에서 멀리 떨어져 있는 것처럼 기쁨에서도 멀리 떨어져 있다.

지혜는 한계에 대한 인식에서 나온다. 무엇이 나에게 속한 것이고 무엇이 나에게 속하지 않은 것인지를 판단하는 능력은 언제나 한계를 전제한다. 고대 그리스인들은 이러한 능력을 덕성이라고 불렀다. "지혜가 항상 기쁨을 동반한다면, 지혜를 원한 이유가 있다. 하지만 기쁨은 오직 하나의 근원, 즉 덕에 대한 의식에서만 나온다. 사람은 용감하지 않고, 정의롭지 않고, 절제하지 않으면 기쁨을 느낄 수 없다."[16] 지혜, 용기, 절제, 정의 같은 덕성에서 나오는 기쁨만이 지속적이다. 이런 덕성을 키우려면 끊임없이 성찰하고 실천해야 한다.

행복한 삶이란 무엇일까요? 안정감과 지속적인 평온함이며, 그 근원은 위대한 정신과 좋은 결정을 고수하려는 꾸준한 결의입니다. 어떻게 이런 것들에 도달할 수 있을까요? 진실을 온전히 인식하고, 행동에 질서, 절제, 적절함을 유지하고, 항상 선의와 관대한 의지를 갖고, 합리성에 집중하고 결코 이성에서 벗어나지 않으면 사랑스럽고 존경할 만할 수 있습니다. 이렇게 요약해보겠습니다. 지혜로운 사람은 신에게 어울리는 마음을 가져야 합니다.[17]

어떤 사람은 스토아철학의 실천적 권유를 진부하게 받아들일 수도 있다. 그들은 지속적인 기쁨보다는 지금 누릴 수 있는 일시적 기쁨을 선호한다. 그리고 일시적 기쁨을 동반하는 불안으로 인해 끊임없이 불평하고 화를 낸다. 마음을 다스리지 않으면 지속적인 기쁨을 얻을 수 없다. 어떤 상황에서도 내가 통제할 수 있는 것과 통제할 수 없는 것을 구별하면서 좋은 삶을 실천하려는 노력을 습관으로 만들면 좋은 마음이 형성된다. 마음을 다스리는 것은 정원을 가꾸는 것과 같다. 좋은 마음은 결코 저절로 생기지 않는다. 정원의 잡초를 뽑아내듯 사회적 조건 때문에 무의식적으로 받아들인 잘못된 판단과 의견을 제거해야 한다.

우리는 자신의 성격을 돌볼 필요가 있다. 여기에는 두려움, 걱정, 사회의 거짓된 약속, 공허한 쾌락에 대한 욕망, 거짓된 믿음에서 생기는 고통과 정서적 괴로움처럼 진정으로 자신의 것이 아닌 것들을 마음에서 제거하는 일이 포함된다. 진정으로 자신에게 속하지 않은 것들을 내려놓아야 자유로워진다. "우리의 정신은 자신의 것이 아닌 모든 것을 버릴 때보다 더 위대한 적이 없다. 아무것도 두려워하지 않으면 평화를 찾고, 아무것도 바라지 않으면 부를 찾는다."[18] 버려야 비로소 얻는 것들이 있다. 행복과 자유가 그렇다. 물질적 부를 쌓아놓는다고 행복한 것도 아니고, 하고 싶은 대로 한다고 자유로운 것이 아니다.

> 우리를 자극하거나 두렵게 하는 것들을 추방하면 끝없는 평온과 자유가 따른다는 것을 당신은 알고 있을 것입니다. 왜냐하면 쾌락과 고통을 거부하면, 사소하고 연약하며 실제로 자기혐오감을 유발하는 것들을 대체하기 위해 거대한 기쁨이 들어오기 때문입니다. 흔들리지 않고 변함없는 기쁨, 그 뒤에 마음속 평화와 조화 그리고 위대함과 온화함이 뒤따릅니다. 왜냐하면 사나움은 항상 약함에서 나오기 때문입니다.[19]

마음이 평온하지 않으면 행복할 수 없다. 우리를 자극하고 두렵게 하는 감정에서 해방되지 않으면 우리는 자유로울 수 없다. 삶의 진정한 목표가 있어야 주위의 유혹과 자극에 흔들리지 않는다. 살다 보면 물론 우리 인생에는 이점도 있고 불리한 점도 있다. 어떤 사람은 좋은 외모에 훌륭한 재능을 갖고 좋은 집안에서 태어나고, 어떤 사람은 여러 가지로 불리한 처지에 있을 수 있다. 선한 사람은 불리한 점이 너무 많더라도 비참해지지 않는다. 삶의 이점이 없다고 모두 불행한 것은 아니다. 불리한 환경 속에서도 비참해지지 않고 자유로울 수 있는 것처럼, 아무런 이점이 없이도 행복할 수 있다. 누구도 진정으로 나에게 속한 것을 빼앗아 갈 수 없기 때문이다. 그런데도 사람들은 불평하고 화를 낸다. 남들이 가진 것에 눈을 돌리면 자신에게 주어진 것에 만족하지 못한다. 마음을 돌보지 않는 사람에게는 어떤 처방도 효력이 없다. 죽음도 그를 고치지 못한다. 오직 죽음을 성찰하는 사람만이 자신의 마음을 돌본다.

> 마치 영원히 살기 위해 태어난 것처럼 불화를 선포하고, 우리에게 주어진 아주 짧은 인생을 낭비하는 것이 무슨 소용이 있겠습니까? 명예로운 기쁨을 위해 쓰도록 우리에게 허락된 날들을 다른 이를 괴롭히는 데 바치는 것이 무슨 소용이 있겠습니

까? 진정한 관심사를 추구하는 여러분은 그런 시간의 손실을 감당할 필요가 없습니다. 우리에겐 헛되이 낭비할 여유 시간이 없습니다.[20]

에필로그

삶을 바꾸는
일상의 철학

우리는 철학이 빈곤한, 그래서 철학이 필요한 시대를 살고 있다. 철학은 이중적이다. 삶의 기술로 실천할 때는 구체적이지만, 단지 삶을 바라보는 이론으로 남을 때는 공허하고 추상적이기 때문이다. 우주의 진리를 발견하기 위해 하늘의 별만 바라보다 발밑을 보지 못하고 웅덩이에 빠진 탈레스를 조롱한 하녀의 비웃음은 여전히 꼬리표처럼 철학을 따라다닌다. 철학은 무엇을 할 수 있는가? 우리는 철학으로 삶을 바꿀 수 있는가? 방향을 잃은 광기의 시대에 살고 있다는 섬을 인정하며 삶의 진정한 목적과 의미를 찾고자 하는 사람에게는 철학이 아직 필요하다. 우리는 어떻게 짧은 인생을 의미 있게 잘 살 수 있는가? 이 책은 이 물음을 끌어안은 사람에게만 소용이 있다.

현실의 수많은 고난과 고통 속에서도 이 물음을 품고 철학에 기대면, 철학을 일종의 '삶의 기술'로 파악한 소크라테스와 그의 영향을 많이 받은 스토아철학에 주목하게 된다. 스토아주의는 에피쿠로스주의와 함께 헬레니즘 시대와 로마 시대에 가장 인기 있는 철학이었다. 스토아주의는 '금욕주의'로 왜곡되고 에피쿠로스주의는 '쾌락주의'로 왜곡되고 있지만, 그들의 공통된 관심은 '좋은 삶'이었다. 이 시기 철학의 핵심 동기는 인간 고통의 절박함이었으며, 철학의 목표는 행복하고 자유로운 삶으로 이해된 인간의 번영이었다. 스토아철학자 에픽테토스에 의하면 "철학자의 학교는 의사의 진료소다. 즐거운 시간을 보낸 후에 떠나서는 안 되지만, 고통을 겪은 후에는 떠나야 한다. 들어왔을 때 건강하지 않았기 때문이다."[1] 철학은 영혼과 마음을 위한 진료다.

 삶의 기술은 근본적으로 고통을 대하는 기술이다. 행복하게 살려면 정당한 근거도 없이 우리를 사로잡는 공포와 불안을 쫓아내고 화를 다스려야 한다. "인간의 고통에 치료법을 제시하지 않는 철학자의 말은 공허할 뿐"이라고 말한 에피쿠로스도 철학이 근본적으로 치료를 위한 것이라고 말한다. "젊은이라 하여 철학을 망설여서는 안 되고, 나이가 많다고 철학을 싫어해서도 안 된다. 마음의 평안을 얻는 데 이르거나 늦은 때는 없기 때문이다."[2] 에피쿠로스주의뿐만 아니라 스토아주의에서도 '영혼의 위생', '마음의 건강'이라는 개념은 핵심적이다. 두 학파 모두 세상이 통제 불능인 것처럼 보이더라도 우리가 의미 있고 생산적이며 행복하게 살 수 있다고 가르쳤다. 여기서 철학은 모두가 추구하는 목표인 행복에 이를 수 있는 유일한 길이다.

철학이 정말 우리에게 행복을 가져다줄 수 있을까? 스토아철학은 차분한 평정심에 이르는 것이 관건이라고 말한다. 그렇다면 어떻게 평정에 이를 수 있을까? 세상이 정신을 차릴 수 없을 정도로 어지럽고, 사회가 하루가 다르게 빨리 변화해도 우리는 평온한 마음을 유지할 수 있다. 화와 불만을 극복하고 통제할 수 있는 것에 집중함으로써 평정심에 도달할 수 있다. 세네카는 스토아철학이 우리 마음을 어지럽히는 심리적 불안에 대한 효과적인 처방을 제공한다고 말한다. 단지 철학적 지식을 습득하는 것이 아니라 삶의 기술로 실천한다면, 철학은 불리한 상황에서도 중심을 잡고 삶의 방향을 찾을 수 있는 길잡이가 된다.

그렇다면 왜 우리는 행복에 이르는 길인 철학을 멀리하는가? 사람들은 철학을 진부하게 생각한다. 철학이 다루는 실존적 문제들이 진부하기 때문이다. 우리가 겪는 문제들은 모두 개인적임에도 불구하고, 철학이 치유하고자 하는 문제들은 나만의 문제가 아니라 인간 모두의 문제다. 고통을 다루는 법, 좌절의 기술, 질투의 감옥에서 벗어나는 법, 불안을 극복하는 법을 알려주는 책을 아무리 많이 읽어도 개인적 고통과 불안은 쉽게 사라지지 않는다. 들을 때는 속 시원한 유명한 강연을 아무리 많이 들어도 사람은 쉽게 달라지지 않는다. 스토아철학이 욕망의 좌절과 죽음의 공포라는 위험을 극복할 좋은 치료제를 제공하더라도, 우리가 스토아철학을 삶에 적용하고 실천하지 않는다면 소용이 없다.

철학은 일상의 철학이 되어야 한다. 우리의 구체적 삶이 철학의 소재가 되고, 살아가는 과정에서 부딪히는 고통을 극복하기 위해 자신의 삶을 성찰함으로써 삶 자체가 철학이 되어야 한다. 세네카의 철학이 매력적인 이유는 일상의 언어를 사용하기 때문이다.

세네카에 대한 평가는 이중적이다. 세네카는 한편으로 작가, 사상가, 시인, 도덕가이자 수년간 네로 황제의 최고 고문이자 가까운 동료였다고 묘사된다. 절제, 이성, 도덕적 미덕을 소중히 여겼던 한 남자가 운명의 이상한 장난으로 로마 정치의 중심에 서게 되었다. 그는 광기에 빠진 독재자의 변덕을 달래기 위해 최선을 다했고, 자신의 진정한 철학적 사명인 윤리에 관한 글을 계속 썼다. 네로 황제에게 영향력을 행사할 수 없게 되자 관직에서 물러나 고독 속에서 미덕, 자연, 죽음을 성찰하는 가장 감동적인 글을 썼다. 그의 은퇴에 격노한 네로 황제는 반역죄를 뒤집어씌우고 자결하라는 명령을 내린다. 소크라테스의 죽음과 종종 비교되는 세네카의 죽음은 로마 스토아주의를 대변하는 철학자의 삶을 상징한다.

세네카는 다른 한편으로 네로 황제와의 친밀한 관계를 이용하여 엄청난 부와 권력을 쟁취한 마키아벨리주의자로도 그려진다. 그가 네로의 가정교사이자 스승 역할을 했으며, 고문으로 일하며 엄청난 부를 축적했다는 것은 부인할 수 없는 사실이다. 그는 광대한 영향력을 이용하여 자신을 부유하게 만들었고, 주민들을 상대로 고리대금을 하여 영국에서 반란이 일어나기도 했다. 황제가 자신의 삶을 위협한다는 것이 분명해지자, 그는 암살 음모에 동참하였다. 그는 언어적으로 뛰어나 자신을 현자로 위장하는 데 탁월했기 때문에 당대의 일부 사람들은 그의 철학적 동기를 깊이 불신했다.

무엇이 진짜 세네카일까? 한 세네카는 철학하는 모습을 하고 있고, 다른 하나의 세네카는 권력을 위해 철학을 이용하는 세속적 인물이다. 언젠가 나는 1813년 로마에서 발굴된 양면으로 조각된 흉상을 독일 베를린의 한 박물관에서 본 적이 있다. 한 면은 소크라테스, 다른 한 면은 세네카인데, 두 현자는 머리 뒤가 붙어서 마치 하나의 뇌를 공유하는 샴쌍둥이처럼 보였다. 많은 사람은 3세기에 제작된 이 흉상이 세네카의 진짜 모습을 보여준다고 생각한다. 수염이 없고 대머리인 살찐 남자가 무표정하고 자만심에 찬 표정을 짓고 있다. 세네카는 아무 걱정 없이 저택에서 좋은 음식을 즐기는 부유한 부르주아의 얼굴을 하고 있었다. 철학자는 진실에 대한 갈증과 물질적 안락함에 대한 거부감을 나타내는 까닭에 종종 마른 체형으로 묘사된다. 세네카의 모습은 이와 정반대였다.

세네카의 진짜 모습이 무엇이든 두 세네카는 나란히 서 있다. 철학자 세네카와 권력자 세네카 중에서 하나는 진짜고 다른 하나는 가짜라는 확실한 증거는 없다. 세네카의 모습이 어떠하든 그가 철학을 했다는 사실은 분명하다. 그가 권력의 길을 걸어갈 때도 철학에서 위안을 찾고, 철학을 통해 삶의 방향을 발견하려고 노력했다는 것은 분명하다. 로마 철학을 대변하는 세 인물인 세네카, 에픽테토스, 마르쿠스 아우렐리우스가 귀족, 노예, 황제였던 것처럼 철학은 황제도 하고 노예도 한다. 철학은 결코 철학자만의 일이 아니다. 삶의 중심을 잡고자 삶을 성찰하는 사람은 모두 철학자다. 우리 모두는 삶의 고통을 치료하기 위해 철학이 필요하다.

세네카의 삶은 부유했지만 동시에 온갖 종류의 고난으로 점철되어 있었다. 그는 로마제국의 초대 황제 아우구스투스의 시대였던 기원전 4년에 에스파냐의 부유한 기사의 둘째 아들로 태어났다. 어렸을 때 로마로 이주한 그는 아버지의 권유에 따라 정치가가 되기 위해 수사학과 철학을 교육받았다. 세네카가 스토아철학을 접하게 된 것은 이때였다. 세네카는 천식으로 여겨지는 병으로 평생 호흡곤란을 겪곤 했다. 20대 초반에는 건강이 나빠져 이집트의 이모 집에서 요양했다. 31년에 세네카는 이모와 함께 로마로 돌아갔고, 이모의 영향력 덕분에 재무관으로 선출되었으며 로마 원로원에 앉을 권리도 얻었다.

초기에는 성공적인 것처럼 보였던 세네카의 정치적 경력은 오래가지 않았다. 로마의 3대 황제 칼리굴라는 세네카의 웅변술에 질투를 느껴 그에게 자살을 명령했다. 세네카가 살아남을 수 있던 것은 자신이 중병에 걸려 곧 죽을 것이라고 황제에게 말했기 때문이다. 로마의 4대 황제 클라우디우스 치하였던 41년 세네카는 칼리굴라와 아그리피나의 자매인 리빌라와 간통했다는 혐의를 받았다. 원로원은 세네카에게 사형을 선고했고, 클라우디우스 황제는 추방형으로 감형해주었다. 세네카는 당시 제국 내에서 가장 황량한 지역인 코르시카에서 8년 동안 유배 생활을 했다. 49년에 아그리피나는 자신의 삼촌 클라우디우스와 결혼한 후 세네카를 로마로 다시 불러들여, 당시 열두 살이던 아들 네로의 가정교사로 임명했다. 세네카와 네로의 애증 관계는 그가 65년 네로의 명령으로 자살할 때까지 이어졌다.

세네카가 살았던 칼리굴라, 클라우디우스, 네로 황제 시대의 통치는 상상을 초월할 정도로 부패했다. 살인, 독살, 암살, 성적 불륜이 난무했고, 무고한 사람들이 잔혹한 고문을 받고 추방당하는 일이 끊임없이 이어졌다. 우리의 상상을 초월하는 끔찍한 사례들은 어처구니 없게도 단순히 변덕에 따른 일이었다. 세네카가 처한 현실은 최악의 형식으로 전개되는 막장 드라마였다. 평생을 따라다녔던 질병, 8년간의 유배 생활, 두 번의 자살 명령. 사회적 지위가 높아지고 부와 권력이 정점에 이를수록 세네카의 삶은 더욱 위험해졌다. 이런 경험을 하고서도 심리적으로 파괴되지 않을 사람이 있을까?

세네카가 황제 곁에서 부와 권력, 명예와 명성을 얻었다는 것은 중요하지 않다. 그는 자신의 영혼을 파괴할 수 있는 이러한 심각한 장애물에도 불구하고 철학에서 길을 찾았다. 스토아 철학은 그가 고난을 견뎌내고 역경을 긍정적인 것으로 바꾸는 데 도움이 되었다. 철학은 삶의 방향을 알려주는 안내자일 뿐만 아니라 어쩌면 삶의 수단 자체였는지도 모른다. 어떻게 혼란스러운 광기의 시대에 마음의 평정심을 유지할 수 있을까? 에픽테토스처럼 나를 죽일 수는 있어도 나에게 해를 끼칠 수는 없다고 말할 수 있으려면, 무엇보다 마음을 다스려야 한다.

그 역경의 시기에 글은 성찰의 수단이었다. 세네카는 이론적 탐구를 위해 글을 쓰지 않았다. 《화에 대하여》, 〈여가에 대하여〉, 〈인생의 짧음에 대하여〉, 〈마음의 평정에 대하여〉, 〈관용에 대하여〉와 같은 글과 편지들은 주로 우리가 일상에서 겪는 고통과 마음의 질병을 치유하는 내용을 담고 있다. 세네카의 스토아철학은 사실 매우 단순하다. 마음의 평화를 누리지 못하면 결코 행복할 수 없다. 그러나 단순하다고 쉬운 것은 아니다. 세네카의 철학은 삶에 대한 끝없는 성찰과 묵상을 요구하지 않는다. 결코 우리의 문제를 단순히 견뎌내라고 요구하지도 않는다. 그는 세상으로부터 은둔하기보다는 오히려 세상에 적극적으로 참여하라고 권한다. 그리고 철학을 일상의 삶에 적용할 때만 우리 자신을 바꿀 수 있다고 강변한다. 일상의 흐름에 모든 것을 맡기지 않고, 삶의 목적이 무엇인지 성찰하고, 그 목적에 따라 자신의 행동을 조금씩 바꿔야만 삶이 변화한다. 우리의 일상에서 구체적 행동을 자극할 때 철학은 진정한 치료제가 된다. 세네카는 마음을 단련하려면 하루해가 저물고 밤에 잠자리에 들 때 자신의 마음에 이렇게 물어야 한다고 말한다. "오늘은 너의 어떤 병을 고쳤는가? 어떤 악덕을 이겨냈는가? 어떤 면에서 너는 더 나아졌는가?"[3] 매일 이렇게 묻기만 해도 일상의 철학은 우리의 삶을 바꿀 것이다.

미주

프롤로그: 방향을 잃은 광기의 시대에 필요한 '삶의 기술'
1 Seneca, *On Anger*, III, 43.1.
2 Seneca, *On Anger*, III, 15.3.

1장 왜 우리는 분노에 휩싸이는가
1 Seneca, *On Anger*, I, 1.3-4.
2 Seneca, *On Anger*, I, 1.2. 세네카는 매우 평범한 의미에서 화와 분노를 '광기'와 동일시한다. 미치지 않고서야 저렇게 화를 낼 수 없다는 일상적 표현처럼 화는 "순간의 광기(a brief madness, a temporary form of insanity)"라는 세네카의 정의는 진부할 수 있다. 세네카는 화를 지혜의 관점에서 분석한다. "현자들은 화는 '순간의 광기'라고 말했다." 이 인용문에서 알 수 있는 것처럼 스토아 철학은 지혜롭지 못한 사람은 모두 미쳤다고 전제하면서 격정을 다스리지 못하면 지혜를 얻을 수 없다는 점을 암시한다.
3 Seneca, *On Anger*, I, 1.3.
4 Seneca, *On Anger*, I, 18.6.
5 Seneca, *On Anger*, I, 18.2.
6 "Stress in America 2020. A National Mental Health Crisis," American Psaychological Association. https://www.apa.org/news/press/releases/stress/2020/report-october.
7 Seneca, *On Anger*, I, 2.1.
8 Seneca, *On Anger*, I, 10.2.
9 Seneca, *On Anger*, I, 19.1.

10 David Hume. *A Treatise of Human Nature*, 2.3.3, ed. David Fate Norton and Mary J. Norton (Oxford/New York: Oxford University Press, 2007).
11 Seneca, *On Anger*, I, 3.4.
12 Epictetus, *Discourses*, Book III, Chapter2.
13 Seneca, *On Anger*, I, 8.3.
14 분노라는 감정의 세 단계에 관해서는 Seneca, *On Anger*, II, 4.1을 볼 것.
15 Seneca, *On Anger*, I, 7.3.
16 Seneca, *On Anger*, II, 18.1.
17 Seneca, *On Anger*, II, 4.2.
18 Seneca, *On Anger*, II, 29.1.
19 Epictetus, *Discourses*, I, 20.7.
20 Seneca, *On Anger*, I, 8.1.
21 Seneca, *Letters on Ethics*, 116.3.

2장 다른 사람이 나보다 많이 가졌다고 화내지 말라

1 Seneca, *On Anger*, III, 8.1.
2 Seneca, *Letters on Ethics*, 123.6.
3 Seneca, "To Helvia on Consolation." 10.3, in *Seneca: Moral Essays*. Vol.2, Translated by John W. Basore (Cambridge, MA: Harvard University Press, 1932).
4 Seneca, *Letters on Ethics*, 122.14.
5 Seneca, *Letters on Ethics*, 115.9.
6 Seneca, *Letters on Ethics*, 90.18.
7 Seneca, *Letters on Ethics*, 90.19.
8 Seneca, *On Anger*, II, 8.2.
9 Immanuel Kant, *Die Metaphysik der Sitten. Zweiter Teil: Metaphysische Angansgründe der Tugendlehre*, §36, in *Werke in zehn Bänden*. Bd.7 (Darmstadt: Wissenschaftliche Buchgesellschaft, 1983), p.596.
10 Seneca, *Letters on Ethics*, 74.6.

11　Seneca, *Letters on Ethics*, 74.5.
12　Seneca, *Consolation to Helvia*, 10.6.
13　Seneca, *Consolation to Helvia*, 10.10.
14　Seneca, *Letters on Ethics*, 36.1.
15　Epictetus, *Discourses*, I, 2.7.
16　Seneca, *Letters on Ethics*, 104.9.
17　Seneca, *Letters on Ethics*, 2.6.
18　Seneca, *Letters on Ethics*, 17.5.
19　Seneca, *On Anger*, III, 30.3.
20　Seneca, *Letters on Ethics*, 18.5.
21　Seneca, *Letters on Ethics*, 18.7.
22　Seneca, *Letters on Ethics*, 60.3.
23　Seneca, *Consolation to Helvia*, 11.4.

3장 앙갚음하려 하면 자신도 위험해진다

1　Seneca, *On Anger*, II, 3.4.
2　Seneca, *On Anger*, II, 3.5.
3　Seneca, *On Anger*, I, 3.3.
4　Aristoteles, Rhetoric, 1378a31-33.
5　Seneca, *On Anger*, I, 3.2.
6　Seneca, *On Anger*, I, 5.2.
7　에티엔 드 라 보에시,《자발적 복종》, 심영길·목수정 옮김(생각정원, 2015).
8　Seneca, *On Anger*, I, 13.4.
9　Seneca, *On Anger*, I, 12.4.
10　아리스토텔레스《니코마코스 윤리학》, IV 5, 1125b 31-33, 강상진·김재홍·이창우 옮김(도서출판 길, 2011), 146쪽.
11　아리스토텔레스《니코마코스 윤리학》, II 9, 1109b 15, 같은 책, 76쪽.
12　Musonius Rufus, *Lectures & Sayings*, X.2, translated with an Introduction by Cynthia King, edited with a preface by William B. Irvine (CreateSpace, 2011), p.50.

13 마르쿠스 아우렐리우스, 《명상록》, XI 13, 천병희 옮김(도서출판 숲, 2005), 188-189쪽.
14 마르쿠스 아우렐리우스, 《명상록》, XI 18, 같은 책, 193쪽.
15 Epictetus, *Handbook*, 20, in *Discourses, Fragments, Handbook* (Oxford World's Classics) (Oxford: Oxford University Press, 2014), p.292.
16 Epictetus, *Handbook*, 20, 같은 책, 295쪽.
17 Epictetus, *Handbook*, 5, 같은 책, 288쪽.
18 마르쿠스 아우렐리우스, 《명상록》, VI 6, 같은 책, 90쪽.
19 Seneca, *On Anger*, II, 32.3.

4장 역경을 길들이는 법: 통제할 수 있는 것에 집중하라

1 Seneca, *Letters on Ethics*, 91.1.
2 Seneca, *Letters on Ethics*, 91.6.
3 Seneca, *On Tranquility of Mind*, 11.6, in *Hardship & Happiness* (Chicago: The University of Chicago Press, 2014).
4 Epictetus, *Discourses*, IV, 5.27 in *Discourses, Fragments, Handbook* (Oxford: Oxford University Press, 2014).
5 Epictetus, *Discourses*, III, 24.86-88.
6 Seneca, *Consolation to Marcia*, X.3-4.
7 Seneca, *Letters on Ethics*, 76.16.
8 Epictetus, *Handbook*, 1,1, in *Discourses, Fragments, Handbook* (Oxford World's Classics) (Oxford: Oxford University Press, 2014).
9 Epictetus, *Handbook*, 1,3.
10 Epictetus, *Handbook*, 48.1.
11 Epictetus, *Discourses*, III, 24.112.
12 Seneca, *On Providence*, 4.6, in *Hardship & Happiness* (Chicago: The University of Chicago Press, 2014).
13 Seneca, *On Providence*, 2.4.
14 Seneca, *Letters on Ethics*, 85.41.

5장 불안을 극복하는 법: 희망을 멈추면 두려움도 멈춘다

1. Seneca, *Letters on Ethics*, 5.1.
2. Seneca, *Letters on Ethics*, 5.2-3.
3. Seneca, *Letters on Ethics*, 5.7-8.
4. Seneca, *Letters on Ethics*, 5.7.
5. Seneca, *Letters on Ethics*, 5.9.
6. Seneca, *Letters on Ethics*, 13.4.
7. Seneca, *Letters on Ethics*, 32.4.
8. Epictetus, *Discourses*, II 5.4-5.
9. Seneca, *Letters on Ethics*, 13.4.
10. 마르쿠스 아우렐리우스, 《명상록》, XII, 26.

6장 시간을 잘 쓰는 법: 삶을 미루지 말라

1. Seneca, *Letters on Ethics*, 3.5.
2. Seneca, *Letters on Ethics*, 106.1.
3. Seneca, *Letters on Ethics*, 22.8.
4. Seneca, *Letters on Ethics*, 1.1.
5. Seneca, *Letters on Ethics*, 1.2.
6. Seneca, *On the Shortness of Life*, 2.1. in *Hardship & Happiness* (Chicago: The University of Chicago Press, 2014).
7. Seneca, *On the Shortness of Life*, 2.1.
8. Seneca, *On the Shortness of Life*, 2.2.
9. Seneca, *On the Shortness of Life*, 2.2.
10. 디오게네스 라에르티오스, 《유명한 철학자들의 생애와 사상 2》, 7권, 121-122, 김주일·김인곤·김재홍·이정호 옮김(나남, 2021), 90쪽.
11. Seneca, *On the Shortness of Life*, 14.1.
12. Seneca, *On the Shortness of Life*, 14.1.
13. Seneca, *On the Shortness of Life*, 15.1.
14. Seneca, *On the Shortness of Life*, 15.5.

7장 죽음으로 충만하게 살기: 매일 마지막 날인 것처럼 살라

1. Musonius Rufus, *Lectures*, 17.4.
2. Seneca, *Letters on Ethics*, 24.20.
3. Seneca, *On Tranquility of Mind*, 11.4.
4. Seneca, *Letters on Ethics*, 26.8.
5. Seneca, *Letters on Ethics*, 114.27.
6. Seneca, *Letters on Ethics*, 54.2-3.
7. Musonius Rufus, *Lectures*, 17.4.
8. Seneca, *Consolation to Marcia*, 19.4.
9. Seneca, *Letters on Ethics*, 54.5.
10. Seneca, *Letters on Ethics*, 63.8.
11. Seneca, *Letters on Ethics*, 80.5.
12. Seneca, *Letters on Ethics*, 93.2.
13. Seneca, *Letters on Ethics*, 54.6.
14. Seneca, *Letters on Ethics*, 30.6.
15. Seneca, *Letters on Ethics*, 30.10-11.
16. Seneca, *Letters on Ethics*, 24.18.
17. Seneca, *Letters on Ethics*, 92.24.
18. Seneca, *Letters on Ethics*. 93.4.
19. Seneca, *Letters on Ethics*, 92.25.
20. Seneca, *Letters on Ethics*, 61.
21. Musonikus Rufus, Sayings 289, in *Lectures & Sayings*, 같은 책, 85쪽.
22. Seneca, *Letters on Ethics*, 58.34.
23. Seneca, *Letters on Ethics*, 70.4.
24. Seneca, *Letters on Ethics*, 58.35-36.

8장 불평과 감사: 짜증 내지 않으면 짜증 나지 않는다

1. Peter Bregman, "The Next Time You Want to Compalin at Work, Do This Instead", *Harvard Business Review*, May 17, 2018.
2. Epictetus, *Discourses*, II, 18.12-14.

3   Seneca, *Letters on Ethics*, 123.1.
4   Seneca, *On Anger*, III, 8.1.
5   Seneca, *On Anger*, III, 8.4.
6   Seneca, *Letters on Ethics*, 96.1.
7   Seneca, *Letters on Ethics*, 96.2.
8   Seneca, *On Anger*, II, 31.7.
9   Seneca, *On Benefits*, 6.42.1.
10 마르쿠스 아우렐리우스,《명상록》, I, 9.
11 Seneca, *On Benefits*, 1.1.2.
12 Seneca, *Letters on Ethics*, 81.19.
13 Seneca, *Letters on Ethics*, 81.8.
14 Seneca, *Letters on Ethics*, 81.11.

9장 너는 너 자신에게서 벗어날 수 없다
1   Seneca, *Letters on Ethics*, 28.1.
2   Seneca, *Letters on Ethics*, 104.6.
3   Seneca, *Letters on Ethics*, 104.7.
4   Seneca, *Letters on Ethics*, 104.8.
5   Seneca, *Letters on Ethics*, 28.2.
6   Seneca, *Letters on Ethics*, 17.12.
7   Seneca, *Letters on Ethics*, 69.1-2.
8   Seneca, *Letters on Ethics*, 2.1.
9   Seneca, *Letters on Ethics*, 2.2.
10 Seneca, *Letters on Ethics*, 16.9.
11 Seneca, On Tranquility of Mind, 2.14.
12 Seneca, *Letters on Ethics*, 23.7-8.
13 Seneca, *Letters on Ethics*, 71.2.

10장 내 것이 아닌 것들을 내려놓아라
1   Seneca, *On Anger*, III, 33.3.

2   Seneca, *On the Happy Life*, 1.2, in Lucius Annaeus Seneca, *Hardship & Happiness*, translations by Elaine Fantham, Harry M. Hine, James Ker, and Gareth D. Williams (Chicago: The University of Chicago Press, 2014).
3   Seneca, *On the Happy Life*, 4.4-5.
4   Seneca, *Letters on Ethics*, 51.9.
5   Seneca, *Letters on Ethics*, 17.6.
6   Epictetus, *Discourses*, IV, 4.52.
7   Epictetus, *Discourses*, IV, 4.54-56.
8   Epictetus, *Discourses*, IV, 4.62-63.
9   Seneca, *On the Happy Life*, 2.4.
10 Seneca, *Letters on Ethics*, 48.2.
11 Seneca, *Letters on Ethics*, 40.1.
12 Seneca, *Letters on Ethics*, 67.2.
13 Seneca, *Letters on Ethics*, 6.1.
14 Seneca, *Letters on Ethics*, 59.14
15 Seneca, *Letters on Ethics*, 59.14.
16 Seneca, *Letters on Ethics*, 59.16.
17 Seneca, *Letters on Ethics*, 92.3.
18 Seneca, *Letters on Ethics*, 87.3.
19 Seneca, *On the Happy Life*, 3.4.
20 Seneca, *On Anger*, III, 42.2.

에필로그: 삶을 바꾸는 일상의 철학
1   Epictetus, *Discourses*, III, 23.30.
2   에피쿠로스,〈메노이케우스에게 보내는 편지〉,《쾌락》, 오유석 옮김(문학과지성사, 1998), 41쪽.
3   Seneca, *On Anger*, III, 36.1.

참고문헌

참고문헌은 다른 스토아철학자들의 저서와 스토아철학을 이해하는 데 가장 기본이 되는 책만 엄선했음을 밝혀둔다.

___ 디오게네스 라에르티오스,《유명한 철학자들의 생애와 사상 1, 2》, 김주일·김인곤·김재홍·이정호 옮김(나남, 2021).
___ 라이언 홀리데이,《브레이브》, 조율리 옮김(다산북스, 2022).
___ 라이언 홀리데이,《절제수업》, 정지인 옮김(다산북스, 2023).
___ 라이언 홀리데이·스티븐 핸슬먼,《스토아수업》, 조율리 옮김(다산북스, 2021).
___ 마르쿠스 아우렐리우스,《명상록》, 천병희 옮김(숲, 2005).
___ 루키우스 안나이우스 세네카,《세네카의 대화: 인생에 관하여》, 김남우·이선주·임성진 옮김(까치, 2016).
___ 루키우스 안나이우스 세네카,《어떻게 분노를 다스릴 것인가?》, 안규남 옮김(아날로그, 2020).
___ 루키우스 안나이우스 세네카,《어떻게 죽음을 맞이할 것인가?》, 김현주 옮김(아날로그, 2021).
___ 루키우스 안나이우스 세네카,《화에 대하여》, 김경숙 옮김(사이, 2013).
___ 에픽테토스,《어떻게 자유로워질 것인가?》, 안규남 옮김(아날로그, 2020).

___ 에픽테토스, 《엥케이리디온》, 신혜연 옮김 (이소노미아, 2022).

___ 요한 크라우네스, 《사소한 불행에 인생을 내어주지 마라》, 이상희 옮김 (추수밭(청림출판), 2024).

___ Epictetus, *Discourses, Fragments, Handbook* (Oxford: Oxford University Press, 2014).

___ Fideler, David R., *Breakfast with Seneca: A Stoic Guide to the Art of Living* (New York: W. W. Norton & Company, 2022).

___ Irvine, William B., *A Guide to the Good Life. The Ancient Art of Stoic Joy* (Oxford/New York: Oxford University Press, 2009).

___ Long, A.A., *Epictetus: A Stoic and Socratic Guide to Life* (Oxford: Clarendon Press, 2002).

___ Musonius Rufus, *Lectures & Sayings*, translated with an Introduction by Cynthia King (CreateSpace, 2011).

___ Pigliucci, Massimo, *How To Be A Stoic. Using Ancient Philosophy To Live A Modern Life* (New York: Basic Books, 2017).

___ Romm, James, *Dying Every Day: Seneca at the Court of Nero* (New York: Knopf, 2014).

___ Sellars, John, *The Art of Living: The Stoics on the Nature and Function of Philosophy* (London: Bristol Classical Press, 2009).

___ Sellars, John, *The Pocket Stoic* (Chicago: The University of Chicago Press, 2019).

___ Wilson, Emnily, *The Greatest Empire: A Life of Seneca* (New York: Oxford University Press, 2014).

내 안의 화를 다스리는 평정심의 철학
화내며 살기엔 인생이 너무 짧다

1판 1쇄 발행 2025년 8월 27일
1판 3쇄 발행 2025년 10월 1일

지은이 이진우
펴낸이 고병욱

펴낸곳 청림출판(주)
등록 제2023-000081호

본사 04799 서울시 성동구 아차산로17길 49 1010호 청림출판(주)
제2사옥 10881 경기도 파주시 회동길 173 청림아트스페이스
전화 02-546-4341 **팩스** 02-546-8053

홈페이지 www.chungrim.com **이메일** cr2@chungrim.com
인스타그램 @chungrimbooks **블로그** blog.naver.com/chungrimpub
페이스북 www.facebook.com/chungrimpub

ⓒ 이진우, 2025

ISBN 979-11-5540-256-6 03100

※ 이 책은 저작권법에 따라 보호를 받는 저작물이므로 무단 전재와 무단 복제를 금합니다.
※ 책값은 뒤표지에 있습니다. 잘못된 책을 구입하신 서점에서 바꾸어 드립니다.
※ 추수밭은 청림출판(주)의 인문 교양도서 전문 브랜드입니다.